如何观看赛马
HOW TO PICK A WINNER

【新西兰】玛丽·芒提◎著

陆爱萍◎译

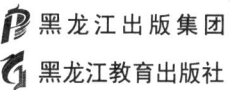

版权登记号：08-2017-058

图书在版编目（CIP）数据

如何观看赛马 /（新西兰）玛丽·芒提著；陆爱萍译. —— 哈尔滨：黑龙江教育出版社，2017.6
（乐活）
ISBN 978-7-5316-9316-1

Ⅰ. ①如… Ⅱ. ①玛… ②陆… Ⅲ. ①赛马 – 基本知识 Ⅳ. ① G882.1

中国版本图书馆 CIP 数据核字（2017）第 160473 号

How to Pick a Winner
Copyright © Mary Mountier 2004
First edition published in 2004 by Awa Press, 149 Willis Street, Wellington, New Zealand
The simplified Chinese translation rights arranged through Rightol Media（本书中文简体版权经由锐拓传媒取得Email:copyright@rightol.com）
Simplified Chinese edition copyright © 2017 by Heilongjiang Educational Publishing House
ALL RIGHTS RESERVED

乐活：
LEHUO：

如何观看赛马
RUHE GUANKAN SAIMA

作　　者	[新西兰] 玛丽·芒提
译　　者	陆爱萍
选题策划	吴　迪
责任编辑	王海燕
装帧设计	Amber Design 琥珀视觉
责任校对	张爱华
营销推广	李珊慧

出版发行	黑龙江教育出版社（哈尔滨市南岗区花园街 158 号）
印　　刷	北京鹏润伟业印刷有限公司
新浪微博	http://weibo.com/longjiaoshe
公众微信	heilongjiangjiaoyu
天猫店	https://hljjycbsts.tmall.com
E-mail	heilongjiangjiaoyu@126.com
电　　话	010—64187564

开　　本	880×1230　1/32
印　　张	5.75
字　　数	69 千
版　　次	2017年8月第1版　2017年8月第1次印刷
书　　号	ISBN 978-7-5316-9316-1
定　　价	32.00 元

目 录
contents

为什么说这本书是"纸上谈兵" 001
我是如何入这一行的 007
国王查理二世功不可没 017
赛马如何风靡新西兰 023
究竟什么是纯种马 033
快步马赛的特别之处 043
格力犬才是真贵族 053
动物竞赛中的社会地位 061
想成为业主吗 069
赌博之恶 075
如何下注 083
我母亲的"超能力" 089
无法赢得比赛的 40 个原因 099
墨尔本杯 107
为人津津乐道的赛马丑闻 121
一些有关赛马的趣事 131

赛马界"怪人"   145
赛马术语   161

致谢   173

为什么说这本书是"纸上谈兵"

首先给各位提个醒，这本书的书名明显是个弥天大谎，我要是知道哪一匹马能赢，可就不会在这写书了！我一定会悄悄地下注，赢个盆满钵满，还不让别人知道我成功的秘诀。一般而言，赌马或赌狗是赢的人越多，赚的钱就越少。

还得说明一点，这本书并非教大家如何在橄榄球比赛、喇叭花奖、日常生活中或政治活动中挑选赢家，而是如何锁定赛马场上的冠军。在这必须承认，曾作为西方民族之魂的赛马如今颇有些没落了，竟然有标题用赛马来指代赛车的！就像大家都觉得没必要把英国一词印在哪个国家的邮票、硬币上或各式各样的运动团体名称前，曾几何时，赛马于我们国家而言也是如此重要。我甚至还记得广播电台

YA，即如今的国家广播电台，曾在全国范围内播放过赛马评论。

虽说如今人们只有在赛马大赛、节假日或野餐聚会时才会关注赛马，却并不影响其人气，拥趸无数。而观看赛马的绝大部分乐趣在于挑选赢家。

若你选的赛马赢了，即使没有下注，你也能感受到那份满足的快感。我们想要的是听别人赞叹，你选对了！而且，就算没选对赢家，同样能感到满足。譬如，所选的马差一点就赢了，或是快到终点时遇到突发状况，最后还是输掉了，和赛马迷同伴们聊起这些来也依然令人心满意足。记得有一年，我哥哥泰德带我去特伦特姆赛马场，说要帮我下注5英镑，最后我们选的马赢了，我高兴得超乎想象，那可是挣了20多英镑！我曾赢过的奖金多达100英镑，在当时那可是一笔不小的财富，尤其是对14岁的孩子来说。但我哥哥却只记得赛马越线，不记得把奖金给我这回事，这也反映了为什么多年来我们对为他人下赌注的道德规范一事争论不休。

在赛马身上下注比其他形式的下注更有趣的原因在于，赛马包含了乐透或游戏机所完全没有的这些技术性要素和对可能性的适当控制（尽管这种可能性只是在想象中存在）。其他形式的下注无法像赛马这样引发热烈讨论或登上报纸专栏。试想要是开一个"老虎机"专栏，这"老虎机"的平淡较之错综复杂、历史悠久的赛马，差距真是太大！

赛马关乎品格，包括人和马的好与坏、美与丑、温柔与暴躁，哪些是冠军苗子，哪些注定陪跑，了解这些特质，哪怕只是远远看上一眼，对比赛也了然于心。这不只是赌号码，而是在活生生的马身上下注。参赛马匹的天性往往难以捉摸，每当你觉得自己已对它们很熟悉，能够预测它们的表现时，往往会大失所望。驯马师和马匹的主人需要有圣人般的耐心。所以说，做一个下赌注的人就好。想继续玩赛马游戏，必须有一些美德，其中首要的便是乐观、坚忍和宽恕。

赛马比赛的讨论没有范围，众所周知，赛马迷之间的对话，既是世上最有趣的，又是最无聊的。通常这种对话是关于一个人的运气有多好或多糟，在你畅谈了自己的有趣经历后，要听另一方说他那没那么有趣的经历。

请注意，我提到了运气。理论上，你对某件事越了解，就会越擅长。所以赛马专家自然比无知新手更容易辨别赢家，随着时间的推移，理应这样。但这跟下赌注后赢钱还是不同，此时就存在运气的成分了，特别是新手的运气会很好。相信带新手去看比赛的人都有这种经历，一匹马赢不了那场比赛有成千上万个理由，但新手不在意，他们义无反顾地支持那匹马，可能是喜欢它的名字、号码或是它的一个眼神，而结果是专家挑选的马还在跑道上，新手们看似毫无希望的选择倒大获全胜了。

这就是所谓的运气，也是赛马令人着迷的不确定性，也是你在挑选获胜马匹时所要面对的状况。

我是如何入这一行的

12岁时,我第一次被母亲和两个哥哥带去特伦特姆赛马场,当时就看得入了迷。我喜欢赛马场上竞赛的兴奋、热烈的氛围、精彩的表演和欢呼声,尤其是选中一匹马(也说不上什么缘由,只是因为它的名字——布拉登)然后下注10先令,结果那匹马赢了,多紧张刺激啊!我差不多赢了5英镑!幸好布拉登没有跑最后一名,否则我可能就写不出这本书了。回想当时,迈克尔16岁,泰德17岁,但准许买赛马彩票的法定年龄是21岁,我猜所有的彩票都应该是母亲买的。而我父亲从没去过赛马场观看比赛,他本人相当不喜欢赌马,他这一生只买过一次赛马彩票,还是经我游说之后买的。那匹马名叫西姆卡,很可惜它输掉了那场比赛。我之所以能说服父亲下注5先令（我和他各付50%），是因为他刚买了一辆西姆卡新汽车，汽车是唯一能让他一掷千金的东西。

总之，我对赛马着了迷，每周刻苦研究《赛马摘要》，听收音机关注赛事。我记得评论员彼得·凯利说马匹在比赛开始前排成一队，有时会因为一匹难以控制的马不肯入场而拖延开场时间。然后就听见他讲解赛事时语调渐渐升高，在比赛的最后，他渐高的语调达到顶点，接下来他是欣喜若狂还是大失所望，则取决于马匹的表现。

中学时，我总是坐在教室的后面，这样就可以把《赛马摘要》夹在课本里偷偷地看了。我知道所有的上乘马匹的名字，比如茹蒂梧这样美妙的名字（我的最爱），还有热点、有利可图、封口费、野兽、福利亚·迪奥罗、统帅、似曾相识、埃文·斯蒂文斯、夏延、玛丽·布里扎德、锐欧·拉皮多和行动派克，这些名字依然能给我带来快乐。现在，马的名字都是这样的：我的苏格兰短裙下是什么、像阿巴特一样从地狱冲出来、好戈利想着小茉莉，名字不能超过 18 个字母，一个空格算一个字母，所以单词之间没有空格。我不讨厌现在的名字，它们很夺人眼球，但是这多么对不起可怜的评论员啊。

我的同学们对赛马毫无兴趣，我还记得自己 17 岁时拖着第一个男朋友去特伦特姆赛马场的情形，他痴迷于赛车，所以觉得赛马十分乏味。而另一个男朋友看到挂在我卧室墙上的赛马海报时——从《马蹄声声》杂志上撕下来的活页——则大为震惊。他直接送了我一幅装裱好的毕加索版画。就在这时，普利默顿博彩管理委员会的一位和蔼的女士打电话给我母亲说，检察人员已经发现了我的违规行为，警告母亲不要让我在 21 岁前买赛马彩票了。

几年后我终于找到了志趣相投的朋友，还认识了一些有会员票的上流人士。那时，许多人排队等着加入惠灵顿赛马俱乐部，而俱乐部会员的特权则被小心翼翼地保护着。驯马师或骑手都是不准进入看台区的，那是社会名流的特权。每个人都着正装出席，身着白大褂的小伙子们会将不符合着装标准的人带离该区域。会员看台区域的整个第一层禁止女性进入，而12岁以下的儿童更是不允许进入赛场。一楼的一端是会议室。多年后，在总统的邀请下，我成为第一个进入看台第一层的女性（我听说是这样的）。屋顶并没有稀奇得掉下来，不过我倒是收到了不少迂腐的老管理员和他们的朋友的白眼。

一天，一个朋友打电话给我，问我是否愿意在下一届墨尔本杯中参股，那是我第一次投资当马主，我的这个朋友后来从事房地产事业。那是1974年，赛马比赛的规则已经改变了，允许25人组成辛迪加，使拥有马匹变得实惠。于是，我成了新西兰第一大辛迪加的成员。而我们的马时光骇客没能赢得墨尔本杯。事实上它只参加过一次比赛，在福克斯顿的比赛上，它是 12 匹马中最后一个跑完的。

当我们意识到时光骇客前途黯淡，就买了另一匹马，给它起名为大秀终结者。有人说终结者用在一匹赛马的名字里不太合适，不过我们喜欢这名字的连续性。大秀终结者是一匹非常有魅力的黑色小母马，它两岁就赢过 4 场比赛，这一点丝毫不让人意外。我们期待着"小黑美人"3 岁时仍然能引领风骚，可惜事与愿违，最终我们只能将它送回驯马师那里。

我已数不清在大秀终结者之后还有过几匹马了，但迄今为止赛绩最好的是心跳终结者，它赢得了马纳瓦图杯及其他 3 个比赛。心跳终结者比大秀终结者更令人满意的地方在于它的耐力十分持久，比赛可持续时间长。

这让我想到：长跑可以迷惑赛马新手。当时，我的丈夫加里和两个孩子陪我一起看马纳瓦图杯。布兰顿 12 岁，翁蒂娜 8 岁，他俩之前从没看过比赛。心跳终结者在2 300米比赛中第一次经过终点杆的时候，是第17组中的最后一个。翁蒂娜发出一声长叹，把两张1元的彩票给扔了。当健美的心跳终结者第二次经过终点杆时，它已经冲到了最前面，骑手是新西兰首屈一指的女骑师戴安娜·莫斯利，她的表现趋于完美。一看到这个场面，我们就开始疯狂地找翁蒂娜扔掉的赛马彩票。说起来惭愧，最后心跳终结者赢了，我和加里开心得把孩子忘在了九霄云外，只想着跑到会员看台上去参加颁奖庆典了。

心跳终结者能参加惠灵顿杯比赛真是让我们欣喜若狂，虽然它只得了第七，但这都不重要。比赛前后，我们都在公园开了派对，和一大群家人朋友狂欢庆祝。

从那时起，我开始与人共有或自己持有赛马（后来还有赛狗）。最令我印象深刻的是一条名为斯戴迪恩的格力犬。我们一群人组成了一个小辛迪加，为惠灵顿以外的比赛筹集资金，但没有人真正参与进来，最后组织如同一具空壳。亲爱的斯戴迪恩的确赢了几场比赛，但不得不承认它所带来的收入不过是杯水车薪。

国王查理二世功不可没

从历史角度来说，据洞穴中的壁画记载，赛马起源于6 000年前马匹刚被人类驯养的时候。这便是人类的本能，一旦生存下来就会找些消遣，比如跟邻居挑衅说："敢不敢赌我家普莱西吉普斯跑得比你的马快！"

古埃及人、希腊人和罗马人热衷于战车赛；阿拉伯人喜欢耐力比赛；日本人早在皮克特人和凯尔特人还统治英国的时候就开始有蒙古小马驹比赛了。据文字记载，英国人最初开始赛马可追溯到1540年，当时的比赛地点是利物浦附近的切斯特。此处仅指有组织的比赛，而非之前出现过的纯地方性或无秩序的比赛（通常奖金数额巨大）。这些记录至少可追溯到10世纪埃德加国王时期，且有些史学家称罗马侵略者是通过赛马进入英国的。

16世纪80年代，伊丽莎白一世是第一个被目睹出现在赛马场的皇室成员，当时比赛地点设在索尔斯堡平原。但那次比赛所用马匹并非纯种马，作为现代速度赛马中的唯一马种——纯种马，当时尚未被培育出来。严格来说，现代速度赛马中还有其他马种，如美国的夸特马和英国的纯阿拉伯马，但这些马种的竞赛完全不能与纯种马的盛大国际赛事相提并论。

一个世纪后继位的国王查理二世，是公认的当之无愧的赛马之父。他在人们脑海中的形象是：长着卷曲黑发的男子，拥着内尔·格温和其他风姿各异的情妇，过着纵情欢乐的生活。他在奥利弗·克伦威尔垮台后继位。奥利弗·克伦威尔是个沉闷的清教徒，他把英国变成了共和国，不准人们进行娱乐活动。

查理二世的祖父——詹姆士一世在纽马克特

造了一座皇家宫殿,用来养鹰、狩猎。詹姆士的儿子——查理一世曾在宫殿中进行赛马,但那时,赛程也不过20英里。而风度翩翩的新国王查理二世终于将纽马克特变成了时尚现代的赛马场。

可能用现代一词稍稍夸张了点,当时,比赛主要是4轮预赛,每轮4英里,每两轮间休息半小时。查理二世每年有两次把整个内阁从伦敦搬到马场,这样他便可以尽情享受自己最喜欢的消遣,同时又保证国家的发展。他是一位观众、马主、育马者、骑手、活动举办人(现在的赞助商)以及参与制定首个适当规则的裁判。

起初,赛马速度很慢,国王和随从们还能在旁边跟着跑,而那时尚未设立观众席。随着查理二世和赛马爱好者斥巨资买进体态更轻盈、健美、品种优良的阿拉伯马和其他东部种马来与本地母马交配,赛马基因得以优化,速度渐渐加快。因为国王查理二世的无心之举,一个全新的马种得以诞生,最终成为现代著名的纯种马,纽马克特也因此成为且之后一直是英国赛马比赛的中心地带。

赛马从此作为一种贵族休闲活动渗透到英国社会中,英国各个阶层、各行各业的人都对马匹、赛马和赌马产生了热情。随着马匹需要饲养和训练、赛马场开放、赌马的蓬勃发展,赛马业理所当然地迅速发展起来。所以,老罗利(查理二世的昵称,他最喜欢的马的名字)不仅是沉溺于赛马那么简单,他同时开创了一个遍布世界的行业,到今天其价值可达数十亿美元。

赛马如何风靡新西兰

起初，新西兰本地连马匹都没有，更不用说赛马了。1814年，传教士塞缪尔·马斯登从澳大利亚带来了3匹杂交马，但只是纯粹用于交通运输。

后来，随着殖民地的建立，移民们可以进行一些娱乐消遣，于是他们自然而然地转向了赛马。早期，大多数马要么直接从澳大利亚进口，要么途经澳大利亚转运过来。1840年抵达惠灵顿的费加罗是第一匹经认证的纯种马，它出生于新南威尔士，有着无可挑剔的英国血统，其与新西兰屈指可数的纯种母马交配，成为赛马品种发展史上的一大标志性事件。该纯种母马与费加罗是近亲：它的父亲埃米利乌斯是费加罗的祖父。

在这样的初步尝试之后，马匹的进口和纯种马培育迅速发展。由于缺乏其他有组织的体育活动或公共娱乐，人们纷纷拥入赛马场。在英国，早期的赛马场不是封闭场所，因此不收入场费。赛马场收入包括出租酒水、点心摊位的租金，庄家和博彩运营商的收入和赌注赛的奖金（通常因地方企业而翻倍），所以说收税员通常是最富有的。

大部分赛马大会包含各种各样的活动，比如男子竞走、儿童竞走、小马驹赛、驴赛、乘骑马赛、公牛赛、摔跤比赛、拳击比赛、斗鸡、杂耍、品尝小吃以及当地乐队的表演等。

历史上没有明确记载新西兰第一届赛马大会是什么时候开始的。据说，1835年，定居于海湾群岛的居民组织了一些比赛，但没有留下获胜者的名字。1840年在奥克兰，有记载显示总督霍布森曾出席刚登陆的驻守军队举办的比赛。

史上记载的首次惠灵顿赛马是在蒂阿罗举行的

障碍赛马,要求跨越几条小溪,胜者奖励15个基尼(英国旧时金币名),这也是1841年1月周年庆祝活动的一部分。当时有4匹马参赛,夺冠的是考麦克·塔塔尔和它的骑手即马主亨利·佩特雷。一年后,似乎才出现了第一个完全成型的赛马大会,有公开的项目表,举行地点为奥克兰的埃普瑟姆丘陵。

1842年10月,在惠灵顿北部港口伯通的海滩上,费加罗作为第一匹在新西兰参加比赛的纯种马,成功击败了考麦克·塔塔尔,这次比赛可算是正规比赛了。当时确立了一个公休日,大多数惠灵顿人,包括欧洲人和毛利人,都在现场。有记载写道:"跑马场的工作人员跟迪普尼(当地酋长)忙活了一整天,将当地的狗和猪绑好关在家里,恳请捕鲸者把渔船推至远处以便让出足够的地方让赛马们竞赛……这一天随着巴雷特酒店的狂欢晚宴落下帷幕。"

诸如此类的事情触怒了脾气古怪的斯科特·亚

历山大·马奇班克斯，他曾在1846年出版的《环游新西兰》一书中写道："奇怪的是，英国人仿佛到哪儿都不能安定下来，哪怕是在一个新的国家，他们也要把时间和金钱浪费在那些荒谬至极的事情上——譬如赛马和公共晚宴。"

马奇班克斯先生认为，事情呈恶化趋势。在新西兰，几乎每一个有英国人的地方都有赛马，而英国人未到之处，那里的毛利人同样对赛马有极高的热情。许多酋长和部落成员会自己买马，有些则是用土地交换马，然后在部落的领地内建赛马场。风华正茂的毛利男子是天生的骑手，技能娴熟且勇敢无畏。所以多年来，许多欧洲赛马大会上都有一项毛利人赛马。在当时纯种马还很稀有的情况下，早期赛马大会中主要进行的是四轮马车赛、乘骑马赛和小马驹赛，还有快步马赛。

与大多数早期定居者设立的俱乐部和比赛一样，除了位于惠灵顿以北75公里的奥塔基-毛利赛车俱乐部里依旧活跃外,其他毛利人的赛马大会也早已消失。

早期赛马俱乐部分布于南岛,尤其是奥塔哥地区和南部地区,反映了新西兰人口的流动性。在1860年至1880年的淘金热最盛时期,俱乐部如雨后春笋般纷纷成立。大多数参赛马匹都是骑用马,而非专业赛马,骑手即马主。

有些赛马大会组织得很好,但许多都是临时才准备好规则。据记载,早期在金矿区中心内斯比举行的比赛,钳片往往不够用。其中有一个骑手为了达到规定的体重,把半袋土豆绑在马鞍上。他奋力骑行,与前领马擦肩而过,在这时装土豆的袋子却裂开了,土豆散落马场。记载中说道:"显然从前称量体重不像现在这么严格,只要不影响裁判决定排名就行。"

尼尔森是第一个真正开展纯种马竞赛的地区,这都要归功于亨利·雷德伍德(他被称为新西兰赛马之父）及其他定居于此的有影响力的赛马爱好者。早在1845年初，他们便在斯托克组织过一次赛马大会。纳尔逊赛马俱乐部成立于1848年，与迄今为止最古老的赛马俱乐部——旺格努伊俱乐部同年成立。旺格努伊俱乐部也是1881年第一个在新西兰举行快步马赛的俱乐部。

坎特伯雷是赛马爱好者的另一个集中地，1851年第一次在哈格利公园举行了赛马比赛。在短短几十年的时间里，它同奥塔哥和南部地区一样，一直是轻驾车快步马赛的比赛中心，也就是在这里，自1864年起，快步马赛成了速度赛马的一部分。那时，许多赛马爱好者同时参与两种比赛，其中比较出名的是纯种马驯马师迪克·梅森。克赖斯特彻奇和达尼丁是主要的赛马中心，提供最高的赌马奖金，举行最重要的比赛。直到1913年，奥克兰杯才在价值上超过新西兰杯（在里卡顿、克赖斯特彻奇举行）。

19世纪末，那时迪克·梅森是亨利·雷德伍德的私人驯马师，他们合作后将大部分速度赛马的冠军收入囊中。那时，比赛组织方式和赛马规则已经确立，速度赛马和快步赛马都有了全国通用的规则；开始聘用裁判人员和俱乐部秘书；博彩管理局为这一切提供资金（政府从中扣取税收）。最初，有些俱乐部是私人赢利的，但新西兰赛马管理者认为赛马运动要建立在非私有的基础上，所有的利润应回归赛马，于是这一体制沿用至今（不同于其他国家，私人赛马场在这里很常见）。

新西兰自主培育的纯种马赢得过两次墨尔本杯，分别是马蒂尼·亨利赢得了1883年的比赛；卡宾赢得了1890年的比赛。新西兰的纯种马养殖业日渐繁荣，以培育耐力持久的马匹而闻名。

自那之后，新西兰赛马历经两次世界大战，1930年的大萧条和1987年的股市崩盘，仍然生存了下来。其全盛时期约为20世纪五六十年代，当时参赛马匹的数量和赛马场的上座率均到达顶峰，当然投注站收入也成倍增长。新西兰赛马处于每个周期的低谷时期时,悲观主义者总是认为除非是电影情节,否则赛马业是没法继续生存了。

究竟什么是纯种马

纯种马与克莱兹代尔马、设特兰矮马、阿帕卢萨马一样，都是通过杂交得到的品种。纯种马一词本身寓意很好，所以通常用来形容高级的或纯血统的，也是阿拉伯马所代表的意思。

人们通过选择那些拥有自己想要的特质（比如跑得快）的马匹，然后让它们进行交配，最终得到想要的马（或其他动物）的品种。通常包括近亲交配（兄弟姐妹甚至父母与其后代交配），这是使某一品种标准化最快的方式，纯种马就是这样诞生的。一旦所拥有的具备所需特性的马达到一定数量，且这些特性能够遗传给下一代，这样的马就可以被称为一个品种了。

关于纯种马，最惊人的是，它们的直系父线都可追溯到这3匹种马：高多芬阿拉伯马、拜耶尔土耳其马和达利阿拉伯马。更令人惊讶的是，超过95%的纯种马出于达利阿拉伯马。

人们对此难以置信，人类在繁衍几代后，血统会变得模糊（除非你是皇室成员或皇室近亲），而马匹与人类不同，纯种马的血统可以追溯到它的根源。这还不是全部，纯种马的每一位祖先的育种和特性基本上都会被记录在案。我们中有多少人能说出祖先的名字呢，更不用说知道他们是做什么的了吧！简而言之，纯种马是所有动物物种中记录最全的，任何其他有组织的运动也都没有赛马这么长的历史记载。

我想说的是，直系父线无疑是重要的，但它并不代表全部。直系父线或母线也没什么特别稀奇的。如果倒退回只有10代的时候，你有2 046位祖先，理论上他们的一些基因都遗传了下来，但到20代时，子孙人数超过200万，早期的基因已相当少了。

当今的纯种马已经有40代了，尽管如此，通过专注于特定品种,育马者们保持了纯种马好的特性及消除了不良特性。因此,最优品种在谱系中越发常见了。20世纪70年代,都柏林三一学院的研究人员发现,就目前的纯种马的遗传贡献而言,高多芬阿拉伯马意外地遥遥领先于达利阿拉伯马,而不出名的马种——柯温云枣巴布领先于拜耶尔土耳其马,进入前三名。

如果你对这些名字都不了解,那也是无可厚非的。3个世纪前的马匹通常以马主的名字命名,达利先生、拜耶尔船长、高多芬伯爵和柯温先生是上述种马最后的主人,1689—1730年,这些种马都来自异国他乡,被笼统地称为东方马。

这种做法造成了混乱,当马被卖出,它的名字会变成新主人的名字,一些有几个不同名字的马就被认定是同一匹马。

关于高多芬阿拉伯马还发生过几个故事。第一个是它在巴黎拉水车时,被人用几英镑买了下来。

第二个是阿拉伯马应该为高多芬伯爵的种马"预热",而当高多芬伯爵的种马拒绝与母马罗克珊娜交配时,阿拉伯马代替了种马,这是比较低调的版本。浪漫派声称两匹马为争取可爱的罗克珊娜的青睐进行了斗争,而最终高多芬获胜。那另一匹种马叫霍布郭布林,基本没什么贡献。

以上故事纯属道听途说,写下来只是为了博大伙一笑,即便是拉水车那段在现在看来也是极不可能的。有可能的版本应该是,高多芬阿拉伯马出于摩洛哥或阿尔及尔皇家种马,被突尼斯总督献给了法国国王。这一点很重要,因为不久后,高多芬阿拉伯马便改名为高多芬巴布马。

据温特沃斯夫人所说,皇家东方种马不可能生出巴布马,因为巴布马远远逊于阿拉伯马。温特沃斯夫人的家族以培育阿拉伯马而闻名,她本人也在纯种马起源方面著有权威著作。正如她所说的:"阿拉伯马是主根,巴布马只是旁支,它在所有赛马中的地位与其他杂交小马无异。"

更重要的是,那时买一匹巴布马只需区区20个基尼,而一匹上乘阿拉伯马的通常价格高达1 000—3 000英镑。当时的售马权威纽卡斯尔公爵曾说:"巴布马相当懒散,走在保龄球场的草地上都会被绊倒,跑起来更是像头牛。"马主们快记下这句话,以后可以用来调侃对手的马了。

至于土耳其马——拜耶尔土耳其马,根本没这个马种。17世纪,那些粗心的老买主们把马叫作土耳其马,只是因为他们碰巧在土耳其买的马,我猜多半是阿拉伯马。

传说中所有的纯种阿拉伯马都出自穆罕默德的5匹母马,而进化研究表明纯种阿拉伯马最初可能是生活在阿拉伯高原的野生马,而《古兰经》的严格戒律无疑帮助保持了此品种的纯粹与优质。即使在今天,爱好者们也经常会对阿拉伯马产生一种狂热,认为阿拉伯马比其他马种耐力更好,生命力更旺盛，跑起来更飘逸。不得不承认，阿拉伯马拥有绝妙的身材比例，弓形颈，碟形的头部，亮晶晶的大眼睛，尾部翘起，小跑时颀长飘逸，看起来如同"浮动"一般，给人留下精致和优雅的印象。

纯种马中的某些马比其他马更能保留其阿拉伯式的特性。记得几年前在新西兰种马中看到过一匹雄性种马斯丹达安，它全身纯白色（灰马随着年龄增长渐渐变白），被我们带出去检查时，它的呼吸声清晰可闻，是如此美而优质。

回到最开始说的 3 种马，并不是只有它们建立了纯种马父线；许多东方马也促成了这样的杂交。然而，约在 1850 年，所有直系父线马都消失了，以至于阿拉伯杂交马停止了进一步完善繁育。

说了这么多跟公马有关的知识可能会让人觉得母马不重要。母马当然也有贡献，只是没有人知道最初用于交配的母马是哪一匹或是什么马。温特沃斯夫人凭着她对纯种阿拉伯马的痴迷，认为由第一本英文的马种登记簿可知,所有最初交配的母马都是东方马,其中大多数是阿拉伯马。这引出了一个问题:如果母马是阿拉伯马,而我们知道的大多数种马也是阿拉伯马,那它们怎么不培育出更多的纯种阿拉伯马呢?

认为最初交配的母马是英国本土马的言论同样是不可信的,原产于英国的马有不同品种的小马驹和大挽马,尽管苏格兰本土加洛韦小马的确参加过比赛,且在过去几个世纪里通过与东方马杂交长得更高大也跑得更快了。

因此,对最初交配的母马身份的最好概括便是"混合血统"。人们普遍认为,今天的纯种马母系根源大约是十几匹母马,其中最重要的是一匹名为老秃的佩格的马,这真是一个令人不忍直视的名字啊。

现代纯种马的实物证据表明,除了少数特殊的血统,它已经基本脱离了阿拉伯马的基因。纯种马身材更高大,跑起来速度更快,肌肉紧实,外表粗犷。在进化的过程中,它长高了约一个半手(15厘米），相应的体力、力量、步幅和速度都有所增长。现在的纯种马比 100 年前的马快得多，尽管有些改进是因为有更好的跑道、设备、训练、骑术，还有营养上的加强。育马者想让赛马拥有的当然不仅仅是速度，还包括勇气、决心和稳定性。

培育理论一直在变，爱好者像做弥撒一样传播育马理论，但现代遗传学能帮助我们理解为什么大多数理论没用——至少不一定有用。如果真有用的话，赛马快如闪电的兄弟姐妹也应该是冠军，而事实并非如此。其中道理你看看自己的兄弟姐妹就明白了。

赛马的持久魅力不可避免地与培育更优良的马种所带来的挑战有关，而真正的考验在赛道上。在查尔斯国王时期，富人们往往一掷千金以达到这个目标。

嗜好育马的人在适度预算上追求同样的目标。每一次的"战斗"成功，都会增加人们的希望，使得赛马新闻被放在头版头条。形成此等效应的如新西兰的马奇异果和推土机，澳大利亚的伯波恩伯勒和沃罗格，以及在美国最著名的海洋饼干。

快步马赛的特别之处

如果英国人自称培育出了纯种马,那么可以说是美国人创造了标准种马。这是另一种主要的赛马品种,用于之前被称为快步马赛的比赛,现称轻驾车赛马,包括两种步态:快步和对侧步。快步马赛用的马由另一种马匹发展而来。仔细想想,也不觉得意外,假设你生活在没有汽车和卡车的年代,只能乘坐由马来拉动的车子,如果马匀速前进,平稳地快步走,肯定比它飞奔驰骋要来得舒适,也更安全。最好的情况莫过于拉车的马性情温和,而不是精神兴奋或趋于发狂。

两者呈现出本质上的区别:纯种马善于全力奔跑,通常不会平稳地快步前进,往往比较轻狂,容易受到惊吓;相比之下,标准竞赛用马快步或对侧步走时自然流畅，其性情更为稳定温顺。对大多数人来说，这两种马看上去一模一样，但是仔细一看就会发现快步马较对侧步马往往脖子较短且粗，头部更大，但丝毫不影响它们的美感。

轻驾车赛马是如何成为一项有组织的运动的尚不明晰。那时一些当地人认为，是哈利·尼柯尔创立了坎特伯雷快步马赛，但事实并非如此。古希腊诗人荷马在他的史诗《伊利亚特》中提到过快步马赛，而最早的现代赛马记录是1799年在莫斯科举行的比赛，也就是在那里，亚历克西斯·奥洛夫伯爵进行了繁殖试验，让阿拉伯种马和佛里斯母马进行交配，孕育出了奥洛夫快步马。当时，亚历克西斯·奥洛夫伯爵更为人所熟知的身份是凯瑟琳大帝的情人，后来他从一位威风的俄国舰队司令摇身一变，成为名垂赛马史的育马者。在美国的标准种马出现之前的很长一段时间里，奥洛夫快步马都是世界上最快的快步赛马。用奥洛夫快步马来拉车的话，它的抵抗力也好到足以应付冰封的俄罗斯冬日。

同时，在世界上的其他地方，也有各种不同品种的马发展成快步马。如英国东部的诺福克快步马，当时快步马赛还很流行，后来出现的速度赛马取而代之。奇怪的是，快步马赛就此没落了。如今在英国，快步马赛只是一种小规模的业余比赛，在英国东北部、威尔士和苏格兰还能看到。

据记载，19世纪初，意大利北部的帕多瓦曾举行过快步马赛，约同一时间在北美洲的东海岸也曾出现过快步马比赛。纽约的赛马场在哈莱姆区，1806年，赛马扬基在那里创下了3分钟内跑完1英里的惊人纪录，书写了传奇。一个世纪后，标准种马卢·狄龙在两分钟内可跑完同等距离。

标准种马这一名称基于实际的测量而来，即马匹快步走完1英里的最快速度，标准设定用时为2分30秒。如今，3岁及以上的马标准用时为2分15秒；优良马通常更快，约2分钟；对侧步马的速度还要快几秒。

随着育种和比赛的推进，快步马还必须通过标准测试（现在称为合格时间）才可以参加公开赛，或列入美国快步马登记簿。这大概是因为当时快步马赛比速度赛马更引人关注。

因距离和条件各异，不同年龄组创下的赛事纪录激增。大多数现代比赛纪录都经过不断的刷新，而美国设计赛道的目的就在于使赛马达到最快速度。因此，美国包揽了目前所有的世界纪录，包括2004年创下的110.2秒快步跑完1英里的惊人纪录。

多年来，快步马赛随着时代发展而进步，个仅是因为选择性育种和完善训练方法，还有加强轨道建设，最重要的是，设计出更轻更优质的充气轮胎马车。原本用于比赛的马车高且重，采用胡桃木轮装置，驾车人的座位几乎与马背处于同一水平，还有些马车是四轮的。

许多早期的快步马比赛或计时赛都是骑乘赛。20世纪,快步马骑乘赛和对侧步马赛仍然很常见,尤其在法国十分流行。新西兰冠军卡狄根栗色马,是世界上第一匹赢得100万美元的标准种马,它早期曾参加过在奥塔哥中部奥马考举行的快步马骑乘赛,它在第19组中以一鼻之差惜败。

如今我们所熟知的快步马赛始于19世纪中期的美国,那时,轻驾车已经通用,其他的步法如对侧步也开始普及。快步,即对角前、后脚同时离地和着地,如同婴儿爬行。对侧步,即同侧的前后脚同时离地和着地。对侧步较为流畅,速度稍快,但不适合粗糙的地面,因为马蹄需紧贴地面。虽然对侧步看起来很不自然,但有些动物如大象和骆驼天生就是用对侧步步法行走的。

美国标准种马是由纯种马、诺福克快步马、海克尼种挽马、克利夫兰栗色马和摩根马杂交发展而来。摩根一词源于贾斯汀·摩根,他养了一匹1789

年出生的半纯种马。为贴补家用，摩根马被用以与周边农民的母马进行交配。事实证明，摩根马非常具有遗传优势，其耐力、速度、魄力、温顺的脾性和良好的外表等优良品质都遗传给了下一代。

目前为止，在标准种马的发展史上最有影响力的马要属英国纯种马梅森吉尔和它的曾孙汉布尔顿。灰马梅森吉尔于1788年抵达美国，当时那儿的赛马业正处于萎靡状态。于是，它被当作种马与各式各样的母马交配，从拉货车的马到纯种马，而费用并不高。

梅森吉尔于1808年去世，当时人们为它举行了军事礼节的葬礼仪式。它墓碑上的长篇铭义里写道："为增加我国马匹数量做出最多贡献的进口马。""它的后代都是两分钟跑完1英里的快步马。"这意味着碑文是在梅森吉尔去世多年后刻上去的，直到半个世纪后汉布尔顿继续种马事业时，梅森吉尔对快步马的深远影响才日益凸显。如今，仍有以它们的名字命名的比赛,包括著名的新西兰梅森吉尔锦标赛。

19世纪80年代初,大量标准种马进入新西兰,标志着快步马赛成为完全成熟的、有组织的运动。在这之前,快步马赛仅仅是速度赛马的一部分,或只是私人比赛。当时比赛采用的马匹和小马驹都是混种马,主要用于拉货车和四轮马车。直到赛马先驱们开始在美国标准种马身上挥金如土,才形成了仅用于竞赛的快步马。

格力犬才是真贵族

现代赛狗运动虽始于20世纪，但猎犬的品种本身已有数千年的历史。讽刺的是，尽管现在赛狗和赛马一样境况不佳，但当时用于竞赛的格力犬可是贵族的象征。法老曾将早期的格力犬当作宠物，古希腊艺术品和硬币上所绘的短毛猎犬与现代格力犬几乎相同。在中世纪的英国，杀死一只格力犬会被判死刑。犬类如今备受珍视的原因依旧在于它们聪明、敏捷，拥有强烈的狩猎本能和超快的速度。

格力犬捕猎凭视觉，而非嗅觉，它能发现1 000米外的移动物体。古老的捕猎玩法——追活兔子是早期罗马人最喜欢的消遣活动，他们在征服英国时把犬类和欧洲野兔一并带了回来。而且只有中世纪的英国贵族才能养格力犬或带它们去打猎。伊丽莎白女王一世，显然是个体育迷，她负责制定竞赛规则。200年后，当著名的奥福伯爵在诺福克的斯沃弗姆建立第一个官方俱乐部时，这些规则仍然有效。

与现代赛狗有6只或8只狗参加比赛不同，当时的追踪狩猎只有两只狗被同时释放进行比赛，打分依据分别是速度和技能以及是否捕获猎物（只值1分）。据124年罗马历史学家阿里安记载，比赛不是为了捉到兔子，而是享受追逐的过程。罗马人比英国人更有运动头脑，一次只让一只狗去追兔子，每次都必须是公平的开局，而猎物常常逃脱。

在18世纪中期的英格兰，格力犬爱好者试图保证格力犬纯正的血统，奥福伯爵却开始了他著名的杂交试验。在接下来的一个世纪里，追踪狩猎盛行，而1837年第一次在利物浦附近举行的沃特卢杯猎犬赛，则成为首个犬类竞赛。这是一个重要的全国性活动，其全盛时期吸引了70 000名观众，宣传力度巨大。如今大多数国家早已禁止追踪狩猎,但沃特卢杯猎犬赛仍然存在,且英国国家狩猎俱乐部拥有 23 个分支机构。然而同猎狐一样,其未来是不可知的。

19 世纪 80 年代中期,跑道逐渐演变成封闭式,不再是空旷的野外小路,变成圈起围栏的公园,还设有野兔逃生的小孔。但即使是在 19 世纪,也有一些人认为追逐活猎物相当残忍,于是开始尝试使用人工诱饵。第一次尝试是 1876 年在英国亨登,6 条狗追着一只放置在长直轨上的电动玩具兔子。出于各种原因(至少不是因为直线赛道太长),狗没能追上兔子。

30 年后,美国人欧文·帕特里克·史密斯也开展了类似的试验。1907 年在盐湖城,史密斯进行了首次公开试验,用一辆摩托车拉动电子诱饵。后来他发明的非生物野兔输送机获得了专利,最终,赛狗的现代形式于 1919 年在加州得以确立。赛狗的关键是它的椭圆跑道，使得参赛狗的运动技能和追踪本能变得十分重要。这一形式很快普及其他地方并逐步完善，但是到现在机械诱饵装置偶尔也会失灵。

英国移民将大量野兔带进新西兰，一时间野兔泛滥成灾，于是便引进格力犬捕杀野兔。因此，新西兰的追踪狩猎得以发展。那时狩猎竞赛俱乐部开始涌现，主要集中在奥克兰和南岛的南部。新西兰甚至设立了自己的沃特卢杯猎犬赛，1919年与澳大利亚合并成为澳大利亚沃特卢杯猎犬赛。

1954年，新西兰正式废除追踪狩猎，取而代之成为首选犬类比赛的是将兔子连在导线上的牵引兔赛跑和其他更成熟的利用人工诱饵的赛事。1934年在奥克兰西泉公园举办了牵引诱饵的首次公开展览。《新西兰先驱报》中说道："比赛结束时，兔子会被装进网袋里，此时赛犬们会十分困惑地聚集在一起，当先领犬速度飞快地抓住猎物时，它们更不知所措了……赛犬们小心翼翼地围观奇怪的猎物，它们兴奋和将信将疑的举动给人们带来了极大的乐趣。"

其他地方的俱乐部纷纷效仿，尝试各种不同的跑道和诱饵。但格力犬爱好者若想从业余到专业，可须要费一番力气了。赌金计算器是赛狗发展的关键，但速度赛马和快步马赛机构都竭力阻止或至少延迟赛狗业使用赌金计算器。直到1981年，新西兰才允许赛狗大会开设全面场外或场内的博彩管理机构。

在英国，赛狗是第三受欢迎的观赏性运动（位列足球、橄榄球联赛之后），在新西兰它的地位屈居于赛马之后。然而随着赛犬为满足需求而数量增多，其在博彩管理委员会赛事电视频道上的排位吸引了每年场外约8 500万美元的成交量，现代赛狗产生的效益无疑是不容小觑的。

赛犬在比赛时须要戴笼头，所以它们的形象会受到影响,往往给人很凶猛的感觉。事实上赛犬很温和,通常是十分温厚、悠闲的,如果有可能,它们退休后会变成"慵懒小生",十分适合当宠物。

动物竞赛中的社会地位

动物竞赛中的排位竞争非常激烈且现实，除此以外的其他说法都不可信。

这其中首屈一指的自然是纯种马。首先，它们由来已久；其次，它们被英国统治阶级列为赛马，在比赛中速度比其他马快，然而性情不适合做任何其他工作（毋庸置疑不能用来拉车）。因此，只有富人才能拥有和培育纯种马。

相比之下，标准种马具有在长距离内快步或对侧步平稳前进的实用功能，加上性情温顺可用于轻驾车，比赛反而成了它们的副业。早期的殖民者往往对快步马嗤之以鼻，认为它们是不良品种，虽然许多标准种马确实如此。

位居最末的是赛狗，因为其训练及比赛需要的费用是最低的。赛狗是3种比赛中最新的，除一些特别厉害的比赛外，赛狗的获胜奖金相对较低。对于热衷速度赛马的人来说，赛狗太过平淡，快步马赛也大同小异。他们认为，真正的赛马要像本·霍尔斯和光盘者。很多热情高涨的看客不是喜欢这匹马就是喜欢那匹马，而真正专注的看客会一次下注3匹马。在新西兰，速度赛马博彩收益是快步马赛的两倍左右，而赛狗只能位列第三。

比赛也有优劣之分，通常与动物的内在价值有关。在英国，越野障碍赛马和平地赛马之间的差异很大，以至于每种比赛都有其管理部门——针对越野障碍赛马的国家狩猎局和针对平地赛马的赛马会。

从逻辑上讲，越野障碍赛要比在平地上赛跑困难得多，除了少数赛事，如较出名的英国全国越野障碍赛马和奇特的马里兰州亨特杯，一般的越野障碍赛奖金都比较低，鲜少沾速度赛马的光，还会受到一些赛马圈子的人的蔑视。原因在于，有些赛马和赛犬跑得太慢，或它们年龄太大，不能在平地赛跑中取胜，就会去跨越障碍，很少有赛马会专攻越野障碍赛的。然而，对大多数的观众来说，跨栏跑和越野赛还是非常令人兴奋的。我在面临一个巨大障碍时，通常会闭上眼睛。有人告诉我，某位老骑师也是这样，所以他不觉得害怕。其实，我一直认为跳伞就是为不敢参加障碍赛的人准备的。

在轻驾车赛中，快步马被普遍认为不如对侧步马。快步马也曾优于对侧步马，但如今对侧步马的博彩业更繁荣、赛事也更多——至少在新西兰是这样，对侧步马赛从未在欧洲流行过。实际上快步马持久性更强，耐力更好，通常比对侧步马赛龄长。对随意看看的观众来说，快步马赛的步法变化丰富，比起对侧步马赛整齐划一的步法更具观赏性。喜欢看快步马赛的人大概就是因为这样才能坚持自己的喜好。

从动物的角度来看，竞技能力或繁殖能力会对其产生深远的影响。总之，表现越好，待遇就越高，真正的冠军通常像被宠坏的孩子。罗马皇帝卡利古拉就是个极端的例子，他为最喜爱的赛马英西塔土斯配了一名参议员，并让赛马随身带着各种奢侈品。新西兰种马崔斯特瑞姆爵士在想吃草时，即便是午夜，也有新鲜的草送到它的畜栏里。冠军母马太阳线是出了名的喜欢把骑手摔下马背的马，而骑师克莱尔·伯德不在乎自己摔伤了鼻子、眼睛瘀黑、跌断了手，却因为太阳线炽热的精神而更喜欢它。

从另一个方面来说，主人基本不会继续训练没有夺冠希望的动物。在训练期间，大多数马和狗会被精心照料。这是个简单的经济学问题，给动物补充营养（通常营养比驯马师还好），进行适当的运动，处理好各种小病，它们会表现得更好。无论是动物本身还是其后代，在赛场上的表现都是衡量动物价值的最终标准。如果动物价值过低，优待也会随即停止。幸运的是，在大多数西方国家，动物福利法会保护这些降级的马和狗，它们不至于被完全忽视。它们中的大多数会去参加别的比赛或充当宠物，剩下的则比较可悲，最终只能实行安乐死。

另一个现实的方面与骑师有关，这是英国赛马起源后流传下来的说法：骑师的地位跟仆人差不多，而且道德低下。即使是最成功的骑师也很少打破这样的阶级差距。1886年，萨福克郡的伯爵号召赛马会采取行动，废除过分给予鲜少功劳者大量回报的不良体制，他们说如果还像数十年来这样，骑行兄弟会的成员在第一次亮相时获得成功就能得到100 000英镑或更多奖金，那么想让骑师们继续各司其职是不可能的。

新西兰社会阶级较为平等，这样的轻视并不常见，但在当代某些圈子里，会有人觉得骑师不如马主。事实上，以骑师的技能和勇气，应该获得最高赞美，更不用说他们每天早上4点起床，基本处于半饥饿状态就开始训练。骑着狂奔的赛马,以60公里/小时的速度驰骋在紧密排列的赛场上,骑师可谓是地球上最危险的职业之一。顶级骑师薪资很高,但他们每次工作都是将自己的生命置于危险之中。而普通骑师承担同样的风险,却只有非常微薄的收入。

专业驯马师的历史地位介于马主和骑师之间,但在新西兰,这一差距也不如英国明显,部分原因在于许多驯马师同时也是马主。如今,首席驯马师可能比许多马主还富有,他们的受教育程度更高。然而这一职业也并不轻松,大多数时候付出与回报是不成正比的,而他们会通过到国外买卖马匹来获得更多的收入。

想成为业主吗

人们持有竞赛动物的原因多种多样,最常见的是继承家族事业,或是某天一不小心听从了朋友的游说。而且,不论是只持有该动物的一小部分股权,或仅仅是租赁权,你都拥有所有权。

你是否能一直做业主要取决于你的性情及动物的成就,如果你天生乐观,即使从没培养出赢家也能继续,有些人坚持了20年才获得成功。然而,如果你是一个不耐烦或悲观的人,即使一开始养的马或狗非常好,也会难以坚持。原因在于动物迟早会退休、会受伤或沉寂一段时间,而下一批动物就不一定那么好了。

难以坚持的另一个原因是一开始有人告诉你这

是个赚钱的好方法,然而你发现只有真正聪明或幸运的人才能因此赚到钱,动物育种另当别论。因财富的诱惑而成为业主是最糟糕的了,想成为业主还有许多其他的原因,当然因为兴趣使然是最理想的。看到自己养的赛马赢得比赛时的兴奋也是一个动力。

在我加入的各种所有权组织中,最令人愉快的无疑是辛迪加。我们可以因此举行定期聚会,无论在场内还是场外。所以我偏爱加入大多数成员生活在同一地区的辛迪加。

让你的马在本地训练也是很好的,这样,真正有兴趣的会员可以起个大早去看赛马训练。大多数人可能觉得这些练习完全没意义,但他们很少能认出自己的马,更别说了解马的练习情况了。在现场,你能够感受到马厩中和跑道上的真实氛围,听到喊叫声和鼻息声,真切地感到自己是比赛的一部分。

很少有赛马能赢得多场比赛的冠军,事实上大多数赛马一场比赛都没赢过,但不要因此退却,最好是充分享受每次幸运得到的胜利。除非你已久经沙场,否则看到赛马赢得最低等的未冠赛冠军也要像赢得赛马杯或德比大赛冠军一样兴奋。

不过,那个时刻的兴奋是相同的。首先是自己的赛马参加重大比赛令人激动,加上之后计算奖金和沐浴在荣耀里,都大大地美化了这一经历。以后还能用作与其他观众或出租车司机交谈的开场白。赛事越重要,你的社会地位就会越高。获得墨尔本杯冠军的赛马的主人余生都将享受这样的荣耀,在某些圈子里,会比骑士更负盛名。事实上,新西兰没有封爵制,而冠军马的马主可相当于一个合适的替代品。

不过,如果你想要的只是冠军,赛狗会比赛马更好,且操作起来要便宜得多。赛狗已形成结构化,比赛中最多有8只赛狗,除最慢的狗外,其他的最终都会获胜。另一方面,赛狗没有名誉和夸张的宣传炒作。在这里，即使是最大的赛狗会也吸引不了大人物和那些开香槟派对或去大型赛马比赛围观的成千上万的群众。

辛迪加的原则是越大越好，正如我所言，你基本不可能赚到钱，所以众多成员之间分奖金不会有问题。记住，成员越多，你须要付的动物保养费就越少——特别是纯种马作为动物世界的忧郁者，保养费往往超过预期。如果你的赛马收入足以应付它的伙食，那真是一种幸运。若还能付兽医费，那就是万分幸运了。

关于所有权不可改变的法则是：要在你的动物身上下注，即使训练师告诉你它不可能赢，只是在比赛中锻炼或积累经验。如果你愿意的话，也可以在其他动物身上下注，但不二法则是：你必须相信你的动物，并在它身上下注，不论多少。

赌博之恶

现在来说说下注,我们为什么要赌博?这是人类本能——不可预知的兴奋和击败赔率带来的巨大满足感。某些文化背景下的人似乎更喜欢赌博,澳大利亚人,然后是新西兰人。其中就存在一个问题,如果大部分人认为他们的同胞太喜欢赌博,他们就会大做文章。

目前很多人对此束手无策,但和大多数事情一样,这只是历史重演。一个世纪前,赌博的兴起使政客们陷入恐慌。1881年颁布的《彩票公法》取缔了无节制的赌博,包括赌马、彩票、赌注赛、牌类、扔或转硬币的赌博游戏、骰子和机会博弈。

听起来很熟悉?现在作为替代品的游戏机、乐透、即时猕猴桃、刮刮乐、赌场、投注站、风格宾果游戏、互联网和电视赌博，今天所有的赌博之罪与维多利亚时期的不相上下。撇开政治的正确性不谈，热忱的空想社会改良家、保姆政府以及相信某个人的劣势都是其他人的错，结果是一样的：议会订立新的法律来遏制不良风气。

总的来说1881年的《彩票公法》是失败的，只有少数赌博活动被起诉，而主要参与者是工人阶级。

随着世纪之交比赛迅速流行起来，公众焦虑加深，议会成员之间存在分歧。有些议员兼任马主和赛马俱乐部组织者；而其他议员则强烈反对投注、庄家和赛马赌金计算器。教会，尤其是新教，引领了整个舆论谴责导向。《基督教观察》整期地宣传赌博的危害，而其中最直言不讳的牧师是丘吉尔·朱利叶斯，英国基督城圣公会主教（后来的新西兰大主教）。讽刺的是，若干年后，主教的儿子——乔治·朱利叶斯发明了自动赛马赌金计算器，并被世界各国广泛采用。

妇女基督教戒酒联合会也采取了行动，试图禁用赛马赌金计算器。联合会找到了意想不到的盟友——庄家们，因为赌金计算器会减少他们的利润收入。最终挽救赌金计算器以及这个国家的赛马业的是政府开始征收赌金计算器税——起初是1.5%。政客们很快瞄准了这一可观又可靠的收入来源，增加了赌金计算器的使用。最终于1910年立法废除了场内外庄家合法化，这一举动过后40年才成立了赛马博彩管理局。同时，庄家们也只是见缝插针地把事业变成了地下活动，随着赛马的繁荣发展，庄家收入可高达上百万英镑。

没有下注，就没有赛马。无论从哪一重要方面来说，道理都是如此。但迪拜是个例外，那里的比赛由富裕的统治家族赞助。美国仍然有几个州禁止赌博，且没有正式的赛马业，有趣的是，得克萨斯州如今仍属其中之一，尽管那里有马匹、牛仔和狂野的大西部。

在赌金计算器发明之前，人们只能通过庄家、赌注赛或私人下注来参与赌马。1865年，有位巴黎店主兼赌客皮埃尔·奥列尔十分聪明，他发明了彩池投注系统（意为共同下注）。因不满庄家提供的赔率，皮埃尔·奥列尔决定创立自己的下注方法。他在每场比赛中以同样的价格卖马票，从奖金总额中扣除5%的佣金，并按照出售的马票数量将剩余奖金分配给其他中奖者。这样群众就可以有效设定赔率，而不再由庄家提供赔率。

奥列尔的发明非常成功，以至于巴黎赛马场的业主都采用了这一方法。很快，在法国，这种赌金计算器的早期形式完全代替了庄家。最终所有开展赛马的国家都采取了赌金计算器投注形式，同时仍保留了一些庄家，特别是在英国和澳大利亚。在新西兰，由庄家主持的投注持续到1880年，坎特伯雷赛马俱乐部使用第一个粗制的手动赌金计算器。赌金计算器是一个记录赌注和调整赔率的装置。同年晚些时候，奥克兰赛马俱乐部在使用赌金计算器时，其缺点凸显出来。新西兰《先驱报》报道："赌金计算器应该规范下注，培养赛马道德，消除作弊。然而，它却为不法交易敞开了大门。"

如何下注

如果前一章的内容让你摸不着头脑，不用担心，本章会简单地解释如何下注。假设你是新手，但不会胆小到让别人帮你下注，那么应该怎么做呢？

首先要学的是选序号，而不是名字。提示：参赛马匹名字左边大写的数就是它的序号，不是括号内小写的数（那是它的栏号，即起跑位置）。不必担心看不懂马经（太复杂，像读梵文）。如果你直接说赛马的名字，投注操作员就会知道你是个新手，然后过来帮你，但是会花更多时间，你也不想让自己看起来像个新手，对吧？

其次你必须知道要下注的是哪一场比赛。如果你在赛场上，操作员会默认你要赌的是下一场比赛，但你在投注点的话，就必须说明具体是哪场比赛（总会有几个选项），你还须要明确下注金额及类型。注意，此条不适用于墨尔本杯，他们会默认你只赌那一场。

现在假设你在比赛中，已经明确了自己的喜好。你真的很喜欢快如闪电，它在接下来的比赛中是1号，也许值得赌上几美元。你走到下注窗口说："1号，独赢（即第一名）和名次（即前三名），请各两美元。"你递上4美元，拿回一张载有所有信息的马票，包括赛马的名字。不要弄丢马票！快如闪电轻松胜出，然后我们来算算，独赢可得20美元，名次可得7美元，最后你拿着马票到下注窗口去，会换回54美元。

大部分步骤就是这样，除了快如闪电已经不在世，也不会让你赢这么多钱。不过就算只是小赢，感觉上仍是一笔财富。奖金会让你觉得它的价值远远超过其他类型的钱。假如你回家时不输不赢，依然可看作有收获，因为你不费成本就享受了一整天。上哪找这等好事？

以下是一些其他的小提示，适用于所有人。

1. 等着下注的时候不要改变主意，你的第一选择通常会赢——尤其你已经在马经上标过记号的；

2. 如果不小心拿到弄错的票，千万别取消，也可以继续原来的赌注（当作备选），意外的赌注通常会赢；

3. 如果你下的赌注很复杂（例如，你在一个三连胜中押几匹马），最好事先填写投注形式，这样方便排在你后面的人，这对害羞的人也有好处，你下注的时候就不用再说明了；

4. 不要因为比赛没赢就马上把马票扔掉，有时会出现针对不公平裁判的抗议，然后没有名次的赛马会上升到可以分奖金的名次，那时再左顾右盼四处寻找被丢弃的马票就很窘迫了；

5. 不管你是总能及时还账，还是真的走到山穷水尽，都不要借钱去下注；

6. 不要试图说服别人放弃他们的选择，我曾经这样对我侄女，结果她原本选的赛马赢了名次，可以得到25美元的奖金，好在那时她还小，不记仇；

7. 不要图一时快活，去下超过自己能力范围的赌注，我知道这么说听起来像老奶奶的行为，但真没有什么比输了还怨天尤人更难堪的了。

我母亲的"超能力"

早期，十分常见的是，赌马的人通过赛场上的算命先生或其他有用的信息来决定下注对象。最受欢迎的是受过训练的金丝雀，收费后，它会从嘴边的一副牌中抽出一张，来代表所挑选的每场比赛的获胜者，并交给"幸运"的下注者。马戏团雇佣的猴子也是这样的套路。但这样的小把戏现在已经不流行了，所以要建立自己的策略来战胜赔率。

与其专注于挑选获胜赛马，不如订些计划来避免全盘皆输。首先要有一个可以长期执行的投注系统。

请记住，任何系统，即使是马经上的旧系统也比没有强。

有 3 种类型的赌客：

1. 完完全全的初学者；

2. 有些基础知识的人；

3. 非常熟悉赌马或专业的赌客。

我不会告诉你第三种人如何下赌注，那反而是对他们的羞辱，反正他们不会读这本书，在这里给第一种人和第二种人一些小提示。

初学者

假设你在墨尔本杯赛现场的投注点，正考虑玩一把；或在每年参加的赛马大会 —— 夏季野餐赛马会，如泰晤士、塔乌海伦尼卡乌、怀科艾蒂、库劳或奥克兰、惠灵顿和新西兰杯狂欢节。虽然不会每次都赢（除非你特别幸运），但可以通过多参加比赛来给自己增加获胜的概率，下面是一些方法：

号码：从 1 到 7 中选一个号码（大多数赛马场

至少有 7 名参赛者）。每一场比赛坚持选它同时投注独赢和名次。这个号码的赛马迟早会赢，而你一定会对这场比赛印象深刻——这毕竟不是在阳光下或酒吧里度过漫长炎热的一天后发生的琐碎之事。

骑师：选一个你喜欢他声音的骑师（或驾车员，坐在马车上的），最好是出现在大多数比赛中的（优秀的骑师通常如此）。如果你是女性，选一个女骑师（以示团结，反正她们也赢过很多比赛）。

最初印象：如果你在比赛现场，仔细看赛道或鸟笼区，记住你看到的第一匹马，哪怕它正躺着休息，也要支持它。这不像其他方法一样系统、合乎逻辑，但当它偶尔奏效的时候会给人带来巨大的满足感。

灰马：如果看见一匹灰马参赛，支持它。即使它未能获胜，至少你能在整个比赛中认出它。如果有好几匹灰马，全都下注支持，因为在比赛中难以将它们区分开。

颜色：挑一个你最喜欢的颜色，支持身上有最多这种颜色的骑师或驾车员。使用这一方法，必须在每场比赛之前仔细观察所有的参赛者，这可能是个相当乏味的过程。不要依赖马经上难以理解的描述，谁能看得懂上面写的那些什么"浅青绿色"或"橘红色"，是腰带还是背带，和箍带有什么区别？

有基础知识的人

有基础知识的人在这里意味着你懂得马经上的一些术语和符号，之前去过比赛现场或投注点，知道基本的投注方法，隐约认得一些赛马和骑师或驾车员。

你能以你的知识给周围的人留下深刻的印象，你告诉他们任何事情，他们都会相信。比如："当然所有骑师的鞭子都是带电的。"他们还真信了。你能振振有词地解释为什么上一场比赛你支持的马没

有赢,并使人信服。下面是一些适合你的方法:

第四位:支持在最后一跑中跑第四的任意一匹马。如果不止一匹,全部支持。最后一跑中跑第四是非常好的排位,除非只有4个参赛者。这通常意味着马还可以发力,特别是如果它最近没怎么参加比赛的话。

模式:这个方法非常好,但它须要做些规划,所以最好在离开家之前进行,即买份报纸或赛马指南。要做的是把每匹马名字前面代表名次的数字加起来,这样能知道它们在前几场比赛中的成绩,称为模式。0意味着它们排在第十或更靠后。然后用前面相加数的总和除以比赛次数,支持所得数值最小的。

如果它们都进行了4场比赛,最小数即为1(4次第一名,除以4)。忽略表格中的X和点——它们的意思是赛马休息超过4个星期(点)或超过3个月(X)。如果总数不能被整除,只须要取一个约数。不一会儿,你很快就能挑出那些得分最低的马,而不用再去计算每匹马的得分了。

倒数第二场的赢家：支持赢了倒数第二场比赛，在最后一场比赛中排第五或更后的马匹。这方法与上述两个方法是完全相悖的。原因在于，如果它厉害到赢了前几场比赛，最后一场可能也会赢，但如果最后一场输了，赔得也会更多。此外，最后一场它可能会运气不好，而之前运气差的可能会时来运转。

报纸上的提示：遵循报纸上赛马专家的提示。如果有几位专家，择其一即可。把他们在赌打包连赢和三重彩这一栏给出的提示都记下来。作为一个有一定基础的人，你应该懂怎么做。坚持专家给的建议直到比赛结束，如果一场都没赢，大不了写封投诉信寄到报社去。

外观：如果你在赛场上，请观察马匹在鸟笼区四处走动的样子。支持看上去皮毛色泽最光亮，四处腾跃，步伐紧凑，好像迫不及待想比赛的马匹。当然这样做必须能够区分出皮毛是真的光亮还是出汗，也不要选腾跃过度的，因为它们已经浪费太多精力了。

这个方法有个小缺点，许多马都会腾跃。而有时打着哈欠晃来晃去的马反而会赢。比如我一直支持的茹蒂梧，它经常垂着头四处走动，如果等待比赛的时间过长，它还会睡着。但是茹蒂梧赢过很多比赛。细想一下，这一方法可能适合非常熟悉赌马的人。

冬天专用：弄清楚哪些种马的后代喜欢软地，哪些喜欢烂地。星乔是个很好的例子：如果它的后代跑在烂地赛道上，一定要支持，无论它们的模式如何。据以往的经验，这通常会有意想不到的结果。若仔细想想，会惊讶于这一方法如何能奏效。这主要在于马蹄尺寸，扁平蹄不会像精致的小蹄子一样陷进地里。曾有人利用我穿高跟鞋走在跑道上的下陷情况来测试跑道的表面（在通过广播告诉赌客之前），所以我可以为这一理论担保。

其实还有第四种赌客，我母亲就算其中一个，我称之为"直觉"类。母亲是爱尔兰人，她的父亲是一位船长，所以她通常选择与爱尔兰或海相关的名字，这样的名字有很多。可能是因为许多马主有爱尔兰血统，众所周知，他们天生带有赌博基因。

但不要觉得如果你属于这个群体，你就要始终如一。我母亲曾毫无缘由地支持名为蓝锋或安娜卡普瑞的马。1963年，蓝锋在惠灵顿杯上跑了第三名，我母亲赢了68英镑奖金；而安娜卡普瑞参加比赛的时候，三叶草女王将奖金翻到超过5 000英镑。"直觉"模式固然很好，但你必须知道什么时候该忽略它。

无法赢得比赛的
40个原因

马主：为什么你不在直道顶点处缩小差距？

骑师：差距太大了，这马追不上！

赛马场上仍然能听到像这样老掉牙的对话，但为什么你的马无法赢得比赛，还有许多令人信服的原因。在那个年代，电报是最快捷且最便宜的通信方式，一位美国知名的马主在各个地方都拥有马匹，由不同的驯马师负责训练。这位马主想出了自己的马赢不了比赛的种种原因。为了节省电报账单，他发给驯马师们一张编号列表用于报告情况，让他们只报数字，好像点中餐那样。

自那时起，列表不断扩大。它不仅能帮助驯马师和马主，也能帮助你——赌马的人，特别是如果你喜欢给别人建议,你不妨复印一份这个列表并随身携带,在必要时可悄悄查阅。为方便起见,此处将马匹默认为雄性(雌性同样适用)。

1. 你的马在比赛中摔伤了;

2. 你的马在比赛中死了;

3. 你的马被另一匹马撞倒了;

4. 骑师摔下马了;

5. 你的马不肯走到起跑屏障去,工作人员抓伤了它;(我没有给它足够的练习以适应起跑门)

6. 赛道太粗糙、柔软、平缓、坚硬;

7. 赛道太粗糙,你的马停滞不前;太坚硬,它会"弹起来";即使处于两种情况之间,它就是不能适应赛道;

8. 你的马没有坚持跑到终点;

9. 比赛时间太短了,它还想接着跑;

10. 你考虑过将它训练成障碍赛马吗?

11. 宽敞的赛道、狭窄的转弯道不适合它;

12. 你的马被困在赛道上了；

13. 你的马在整场比赛中都跑偏了；

14. 前面的马速度太快了；

15. 上半场都在浪费时间，最后它无法冲刺；

16. 你的马在直道上被拦截了；

17. 前面有个缺口，但你的马拒绝跨越；

18. 缺口被关上了；

19. 骑师或驾车员过早地让它加速；

20. 骑师或驾车员带它跑得太慢；

21. 你的马从最远的起跑线开跑是不可能赢的；

22. 内侧起跑线不符合它的奔跑习惯；

23. 你的马因跑道上有影子或有人站在内侧跑道上而受到了惊吓；

24. 你的马需要更好的骑师；

25. 骑师不听你的指示；

26. 你的马太缺乏经验，它需要多参加比赛；

27. 你的马须要暂时离岗；

28. 你的马正处于发情期;(只适用于母马)

29. 我认为我们要对它进行阉割(仅适用于年轻的雄性马),它对雌性马太感兴趣,极具攻击性,一直"摩擦自己"(它的生殖器有些碍事),对驯马师来说太麻烦;

30. 评磅员折磨它;(它无法承受分配的重量)

31. 共同参赛者比较昂贵;(是我说服你让它跟更高级的马一起竞赛)

32. 你的马咬到了舌头;

33. 它被土块呛着了;

34. 它更适合反方向赛道;

35. 你的马太用力挣扎拉紧马嚼子,我给它试试马眼罩;

36. 你的马不喜欢奔跑时戴眼罩;

37. 马鞍下滑;(我系得不够紧)

38. 马笼头坏了(我一直用的旧装置,这样省钱),这对快步马来说比较有优势,它们的装置多得是;

39. 你的马先跑完了,但它跑过太远,裁判没看到;(以前会有这种情况,终点录像发明后避免了这样的失误)

40. 我们被抢劫了。

狗无法赢得比赛的原因:

1. 你的狗打架了;

2. 你的狗被直接挤出了赛道;

3. 你的狗在它的起跑箱里翻了一个跟头,出发时跑错了方向;(这也在我的狗身上发生过)

4. 狗抓住兔子后(电动诱饵)忘记了比赛;

5. 电动兔子失灵,比赛取消。

墨尔本杯

假设现在是11月的第一个星期二，让全国屏息凝视的赛事——墨尔本杯再次到来，你在投注点被人群包围，他们好像很清楚自己在做什么，其实不然。而你，带着你从这本书中所学到的知识，准备赌一把。

那么你会选什么样的赌注？墨尔本杯最厉害的地方在于，投注点知道许多人是一年一度的赌客，所以尽可能地让操作变得简单。更大一点的投注站甚至会安排特别的工作人员，让他们四处走动，去帮助那些看起来十分困惑的人。

但你没必要感觉困惑，下面就教你怎么做。先决定你喜欢它的声音的马匹，跟着直觉走，选择映入你眼帘的名字。1999年，我的邻居因为支持赛马罗根·乔西（Rogan Josh，菜名：咖喱番茄炖羊肉），小赚了一笔，就因为她很喜欢一周前在餐厅吃的咖喱番茄炖羊肉这道菜。

不要被人说服放弃自己的选择，1996年，一位赛马博彩管理局的同事支持盛德利，最后赢了，就因为那匹马的骑师巴特·卡明斯是他认识的唯一一位驯马师。(卡明斯赢过11次大赛，创下了纪录）他明智地忽视了我的劝告——我说照盛德利的品种看，它肯定赢不了。

然后你要决定下多少赌注。想想你能输得起多少，一杯咖啡？一顿午饭？一双新鞋？还是一美元？不要超过你输得起的范围。

下一步决定下什么类型的赌注，以下是主要选项，从最简单的开始：

独赢：你选择的赛马必须是比赛中的第一名。（如果胜负不分，也算赢）最低赌注为1美元，这适合超级自信的人。

位置：你选择的赛马必须跑前3名。你将得到的奖金不如赌独赢多，但你有3倍多的机会。最低赌注为1美元，适合稍胆小的人。

独赢及位置：结合了独赢和位置的投注方式。这是个大赢奖金的机会，如果你选的马只跑了第二或第三名，你仍然可以得到一笔奖金。最低赌注为两美元，你要说买"独赢及位置，各1美元"。有个非常好的方法是位置多买一点，比如1美元买独赢，3美元买位置，这样即使你选的马只跑了第二名或第三名，你仍然可以赚钱。这样下注并不会让你大捞一笔，但想想能让你开心地自夸一年也挺值得的，这是谨慎的人的理想选择。

连赢：如果你不能在两匹马中做出选择，连赢是个不错的投注方式。你选的马必须跑第一和第二（不须要按顺序），你才能赢。最低赌注为1美元，这适合摇摆不定的人。

打包连赢：这一方式使连赢的概率更高，你可以选择两匹以上的赛马，然后"打包"它们。比方说你挑了3匹马。在打包连赢里，如果任意两匹马跑了第一和第二（顺序随意），你都能赢得奖金，而你只花了3美元。当然，你可以选3匹以上的马，但随着马匹增加，成本也会增加，要仔细算算这需要多少成本。比如，打包4匹马将花费6美元，5匹马10美元，这是特别摇摆不定的人的首选。

三重彩：若要赢得奖金，你挑选的3匹马必须按正确顺序跑第一、第二和第三名，这相当困难。但如果你猜对了，你的1美元就会变成一笔数目相当可观的奖金——通常数千美元，尤其是在像墨尔本杯这样的大型比赛上。这适合乐观主义者。

打包三重彩：道理和连赢一样，这一方式使赢得三重彩的概率更高。你选的3匹马可以按任何顺序跑第一、第二和第三名。这将花费6美元，但你也可以以50美分为单位，成本就变成了3美元。你选的马越多，你获胜的概率就越高，但是每多选一匹马,所花费的成本会急剧上升。例如,打包4匹马将花费24美元,这适合谨慎乐观者。

孖宝:在指定的两场赛事中(称为第一赛程和第二赛程)均选中第一名马匹。但现在大部分是"让步"双宝,意即如果你选的马在第一赛程中获胜,第二赛程时所选马匹可以跑第一或第二(但如果跑第二,奖金就会少一些)。这适合喜欢思考的人——你须要考虑两场比赛。

三宝:这一方式的操作很像孖宝,但难度更高,因为你必须在指定的3场赛事中均选对第一名马匹,而且没有"让步"。孖宝和三宝赌注均为1美元,不过,如果你想在每一赛程中选定一匹以上的马,你可以以50美分为单位,这样也要花至少2美元,这适合注意力可分散的人。

易胜博:顾名思义,这一方式适合那些不能做出选择,或根本懒得去思考的人。易胜博由电脑来选择马匹,你要决定的是下多少赌注,以及赌注类型。(如果不说明,默认选择三重彩)你可以买独赢及位置(最少2美元)、连赢或三重彩易胜博(最少3美元)。大赛当天,有很多买了3美元三重彩易胜博然后大赢一笔的人,而这笔钱分毫都不需要他们自己做选择,这适合懒得思考、没有喜好、一知半解的人,以及包括我在内最后一秒还会怀疑自己的选择的每个人。

大满贯:墨尔本杯赛马博彩管理局特别开设的投注方式,将易胜博和独赢及位置相结合。10美元选择一匹马,电脑选择其他马匹组成连赢和三重彩(易胜博可选类型之一),在此基础上买3美元独赢及位置。这一方法最适合两种人:谨慎的人和乐观主义者。毕竟,如果你一年只赌一次,不妨目标远大些。

现在你已经知道如何下赌注,那么可以考虑学习另一种挑选马匹的方法(除了被名字吸引)。多年来一直在研究墨尔本杯的专家们发表了各种各样的理论，所以总有可供参考的数据。例如，4—5岁的马比其他年龄段的马赢得的大赛更多；号码为1（重量级）的赛马自1954年来还没赢过，虽然经常名列前茅；号码为18（轻量级）往后的很少赢（虽然布鲁曾作为24号在2000年赢得过比赛），但常常获得名次，提高了三重彩奖金。

母马不像雄马那样频繁地赢得比赛，主要是没有那么多的比赛可让它们参加。在赛马的143年历史中，只有14匹母马赢过比赛。但杰泽贝尔、灵气逼人和戴花都是母马，在过去6年的墨尔本杯中赢了3次，证明了数据的不可靠性。新西兰马已经夺冠40次，从1947年算起是35次，号码4和12是最幸运的，分别赢过11场比赛。

我一直认为某些先行比赛是在为墨尔本杯做准备的，如考菲尔德杯，大约在墨尔本杯3周前举行；麦金农锦标赛，在墨尔本杯前的最后一个周六举行。理论很简单：对于一匹马来说，要完成艰难的3 200

米的墨尔本杯，它必须达到巅峰状态。如果它能很好地完成比方说前面提到的比赛或其他比赛（这些比赛能吸引到厉害的参赛者），那么就代表它准备好了。

这一理论的问题是，并非所有参加墨尔本杯的赛马都出自于这几种比赛。近年来，北半球驯马师不断将马匹带入澳大利亚，且不遵循传统的模式。通常情况下，欧洲马的参赛次数大大少于澳大利亚马。还记得我们的明星马奇异果吗？1983年，奇异果耀眼夺目地突出重围，最终获胜，那是它首次在澳大利亚亮相。奇异果跟着主人斯诺·勒普顿在农场进行训练，直到比赛前几天才来到墨尔本，基本上被专家们忽略了。

这就是墨尔本杯显著的魅力之一，其奖金很高，是世界上奖金最高的让磅赛，其他的重大国际比赛，如英国德比大赛和肯塔基德比大赛，法国凯旋门大赛，日本杯、美国育马者杯和迪拜世界杯都不是让磅赛。

许多厉害的冠军,如飞速上升、塔洛克和金斯顿·唐都曾因为载重过多而输掉比赛。飞速上升是个令人印象深刻的例子,它曾赢得1954年墨尔本杯和考菲尔德杯;1955年再次赢得了考菲尔德杯,于是在同年的墨尔本杯上,让它载重10英石是理所当然的。但飞速上升没能追上载重38磅的新西兰马托帕罗亚。好在没人会觉得飞速上升实力不如托帕罗亚。

说实在的,除去非议,墨尔本杯是一个独特的现象。自1993年以来,当"最佳收获"作为第一匹北半球训练有素的赛马赢得墨尔本杯后,一些世上极富裕的马主就试图得到它——到目前为止都没有成功。澳大利亚维多利亚州将墨尔本杯日定为公共假日,在澳大利亚其他地区及新西兰的大部分地区,许多人下午都暂停工作,去参加墨尔本杯派对。几乎每一个工作场所都经营彩票。未来几天的寒暄会变成这样:"你喜欢赛马大会的谁?"这不再仅仅是体育新闻,除非你完全与世隔绝,否则不可能不知道这一盛事。

每年,数以百万计的新西兰人在这场澳大利亚的比赛中所下的赌注比在自己国家的任何比赛中都要多。

1861年起,墨尔本杯均在墨尔本的费明顿赛马场举行。费明顿赛马场是以当时的一位本土屠夫鲍勃·费明顿的名字命名的。参赛马匹数从1863年最少的7匹到1890年(即卡宾参赛的那一年)最多的39匹,如今最多是24匹。

几乎每一场大赛都有戏剧性的故事,偶尔还有悲剧,第一个要说的就是墨尔本杯首届比赛时,17匹参赛马匹中有两匹赛马摔伤了,最终不得不将那两匹受伤的马宰杀掉。不过那个时候,有4 000人跑到费明顿去投票,说墨尔本杯是巨大的成功。如今参与人数经常达到100 000人,狂欢节的气氛几乎盖过了赛马本身。然而,当墨尔本杯开始出现的时候,一位《当代报》的记者还曾瞧不起这两英里的让磅赛。

他写道:"它会使暴徒用 30 先令买来的随便一匹野马等同于这片土地上最优质的马……这是一个疯狂的想法,注定要失败。"

看看现在还有人选不出赢家呢!

为人津津乐道的赛马丑闻

无论什么情况下只要涉及大量钱财,就意味着腐败潜藏在周围。赛马和赌博一直同期存在,而丑闻是丰富的赛马史中不可或缺的部分。一位敏锐的观察者说过:"一个流氓赌客要想混得好,他要么单枪匹马做事,要么找一个又聋又哑、不会写字也没有记忆的同伙。"

如今,得益于比赛录像、终点录像、药检和严格的执法,比赛作假不再像以前那么常见。

但这并不意味着没有新的作假术出现。2004年"蓝色魔术"丑闻就涉及以前检测不到的药物。同样地,投注交易所也利用了如今的技术,通过互联网股票交易系统,就算赛马或赛狗输掉比赛,赌客也能赚钱。两者本质上都是作弊,或者说后者是在鼓励作弊,这些终究会被淘汰。但不可避免地会有新的作假术取而代之,而大多数诚实的赛马者将遭受损失。

留神

20世纪20年代,一个广为人知的赛马丑闻使得新西兰轻驾车赛马对其比赛进行了整顿。在此之前,替跑是相当普遍的,毫无疑问许多都没被发现。出现这一问题的原因有两个:其一,庄家虽然被禁止了,但他们不合法的外围下注事业蓬勃发展,且奖金很高;其二,那时,它们要背负的磅数会根据快步马所赢比赛次数来决定,所以驾车员常常让马跑得很慢,或者故意输掉比赛。

1924年在因弗卡吉尔,留神利用规则,于平均时间内赢得了1.5英里快步马赛,这让人们从庄家那里大赚了一笔。但更大的收获是,第二天,当它从较差的场地开跑时,又一次轻而易举地获胜了。

不巧的是,留神的前主人看到这些消息后,联系了快步马赛当局,指出他的马不可能进步如此神速。后来进一步的调查表明,就是这同一匹马(当时已被扣押),一年前以尤利时的名字在波弗蒂湾赛马大会中获胜。巧合的是,尤利时的驯马师曾培养出一流的赛马威利·林肯,这是1920—1921年奖金收益最多的马匹。他很容易地指认威利·林肯即是尤利时和留神。所有涉及作假的人都被关进了监狱,并终身取消其赛马资格。

法恩·戈登

人尽皆知的澳大利亚丑闻发生于1984年,主角是在速度赛马中作假的法恩·戈登,其驯马师是前新西兰人海登·黑塔纳。为了使这一计划成功,法恩·戈登被包装得像无声电影《启斯东警察》一样细致逼真。真正的法恩·戈登是一匹表现不佳、正值8岁的棕马，没有白色斑纹。冒充它的是更有能力的7岁枣马大无畏，它的马蹄呈白色，额头有星状记号。为假扮戈登，大无畏的马蹄被包扎起来以掩盖白色斑纹，皮毛也被染成了棕色。

不过当法恩·戈登冲过终点并险胜时，鹰场赛马场的管理员已经感觉有些可疑。大量外围投注使他们产生警觉，而黑塔纳未能出示马匹的登记文件时所给出的理由也令人怀疑，最后管理员提出上诉并将比赛冠军授予获得第二名的哈勃·戈尔德。

如果这场骗局得以顺利进行，估计会有200万美元的奖金。名声在外的悉尼庄家罗比·沃特豪斯及其父亲比尔牵涉其中，被禁赛长达15年。与此同时，海登·黑塔纳畏罪潜逃，但两周后被找到并押入监狱服刑；所谓的主谋二手车推销员约翰·吉莱斯皮也落得同样下场。

朗宁·雷恩

虽说用一匹马假扮另一匹马,是教科书式的最古老的诡计之一,但在最重要的比赛——英国德比大赛上,没多少人敢真的这么做。但现实是,这场骗局"成功"了——直到上了法庭,朗宁·雷恩(实际上是一匹4岁的马,名为马克比)被取消资格,第二名的奥兰多正式成为1844年德比大赛的冠军。这个英国最出名的赛马丑闻披露的显著事实是,管理员在被告知这是一匹4岁的赛马后,仍然让它参加了比赛(只有3岁的马匹可以参加德比大赛)。管理员们决定,如果这匹马赢了,他们将扣留奖金,然后等待调查。赛后,投注区一片混乱,而朗宁·雷恩的主人古德曼·利维已逃离赛场,之后逃往国外。

特里格翁维尔·弗兰普顿

这位令人印象深刻的专业骑手有着很高的声望,被五代君主称为纽马克特的皇家马守卫者。在查理二世去世后,赛马会形成前,他负责裁决赛马纠纷,基本上所有的事务都由他掌管。

弗兰普顿是个很大胆的赌客,一场比赛中赌个1 000英镑不在话下,也丝毫没有顾忌。他接受了一位约克郡的马主的挑战,要进行一场只有两匹赛马参与的比赛,弗兰普顿指示他的马夫去说服对方的马夫进行一场秘密的试跑。按理说这时应该匹配合适的载重,但弗兰普顿的马在他的指示下,背负了7磅多。当另一匹马仅凭一个马位获胜时,弗兰普顿确信如果背负同样载重,他的马肯定会赢,于是狠狠地加大了赌注。但后来发现,另一匹马的马夫早就告诉了马主这次秘密试跑,狡猾的马主决定把它转化为自己的优势,在马身上又加了7磅。就这样,在正式比赛时,两匹马同时跑完,却相差一个马位。

弗兰普顿的许多朋友因为支持他而面临破产。这次损失范围之广及易主财产之多使得英国议会在1710年制定了一项法律来抑制过度赌马——尽管这没什么作用。

乔治·诺斯

1881年,彩票抽奖之王乔治·诺斯的丑闻震惊了惠灵顿。加尔各答彩票抽奖是当时很流行的投注形式,组织者通常是收税员或理发师,他们会投入数千英镑。大型赛事,包括墨尔本杯,都经过挑选并使用广告吸引投资和初步展示奖金。诺斯在兰姆顿大道开了一家理发店,自1874年起一直组织这样的比赛,他公开、公正且及时支付丰厚的奖金。理发师爱交际和愉快的天性,推动了赛马抽奖发展成为许多人喜欢参加的社交活动。

1881年的惠灵顿杯,诺斯提前在《晚报》上发布广告,买张1英镑的票可能获得总共4 000英镑的奖金。广告上写道:"诺斯先生之前组织过的赛马投注一贯保持充分的公平,给予每位感兴趣的人最大的满足。我们一点也不惊讶于大家已经对他这4 000英镑产生了极大的渴求。"

但即将到来的是惊吓而非惊喜,比赛前的几个星期,诺斯乘船跑去了旧金山,将所有的钱都卷走了。这件事彻底击溃了彩票抽奖市场,加速了1881年《彩票法》的出台,并证明那些谴责彩票抽奖为"止席卷全国的最邪恶的赌博热"的人们是明智的。

一些有关赛马的趣事

新西兰的女骑师在数量上处于世界领先，但它却是最晚允许女骑师在正式比赛中与男骑师竞赛的国家。20世纪70年代中期，琳达·琼斯带头申请最早的女骑师许可证，却遭到了赛马当局的拒绝，理由是琳达·琼斯年龄太大了（她当时23岁），不够强壮且已婚，可能会夺去男骑师的机会。1977年人权委员会法案改变了这一切。1978年7月22日，名为苏·戴的见习骑师成为第一位在新西兰赌注赛中获胜的女骑师。加拿大骑师琼·菲普斯拿着特殊的许可证，赢得了之前11月的比赛。如今，见习女骑师多于男骑师。世界各地的女骑师纷纷涌向新西兰，以实现她们在自己的国家不能获得的"机会均等"。尽管其他国家很早就允许女性成为骑师,却始终对她们抱有强烈的偏见。在新西兰,当一个女骑师赢得一场重大比赛时,没人会觉得惊讶,因为她们经常获胜。而在像澳大利亚这样的地方,仍然会是大新闻。

有人抱怨道,现在新西兰的俱乐部和比赛太多了。而1883年的时候,赛马登记簿上记录在案的比赛或快步马俱乐部只有194个,在节日举行赛马大会的次数约为40次,甚至在圣诞节当天也举行过一次。

这是个鲜为人知的事实:图阿的伟大勇士——酋长特·劳帕拉哈对赛马很感兴趣,至少你可以从威廉·福克斯先生所著的《新西兰的6个殖民地》中得出这个结论。其中描写了特·劳帕拉哈人生的最后几天,当时他的众多来访者中有一位传教士,传教士离开后,特·劳帕拉哈把话题转向了旺格努伊赛马会,正好他有一位客人参加了比赛。自1849年11月27日特·劳帕拉哈辞世后,军队于翌年11

月的 6—7 日主办了第二届旺格努伊赛马会,这一说法属实。

英国举行赛马比赛之初,要求参赛马匹至少 5 岁,背负重物进行长距离竞跑。渐渐地,年龄和负重变小了,甚至连周岁马也可以参加比赛,这一行为在 1860 年被官方禁止了,现在的马匹必须满两岁才能参加比赛。

新西兰一直允许女性训练自己的赛马,1924 年,葛兰妮·麦克唐纳是第一位得到许可为他人训练赛马的女性。葛兰妮负责训练的赛马凯特罗格参加并赢得了 1938 年的墨尔本杯的时候,她得让丈夫陪在马身边,因为澳大利亚不允许女性训练赛马。澳大利亚的报纸写道"前所未有的女主人和女教练的结合"(凯特罗格的主人是图·贾米森夫人)。新西兰总理迈克尔·约瑟夫·萨维奇是众多向葛兰妮致以贺电的人之一。

2001 年,另一位新西兰女驯马师 —— 茜拉·

拉克索带着赛马灵气逼人赢得了墨尔本杯冠军，更厉害的是也赢得了考菲尔德杯冠军。那时，澳大利亚已经允许女性训练赛马，茜拉·拉克索因创造了历史性的第一次而被载入史册。

在马的世界里，除非是同一个生母，否则都称不上是半个兄弟或姐妹。因为种马可以有成千上万的后代，而母马能产下一打小马就不错了。

许多非赛马人士认为用鞭子抽打马匹很残酷，事实上，大多数新西兰骑师的"旋转"手势只是看起来很可怕：它通常是顺着马的节奏划过而非击打。从马的角度来看，在它站着不动时被抽打和它疾驰时处于兴奋状态被抽打是很不同的——从事接触性运动的运动员应该很了解。骑师会因为过度鞭打而被罚款或停职，领薪金的管理员和兽医必须上报一切违规行为。

德比大赛是所有3岁马匹的最重要比赛，经常被称为班伯里大赛。查尔斯·班伯里爵士和他的赛马爱好同伴德比伯爵，在伯爵家进行多次喧闹的聚会后想出了这个点子。他们通过掷硬币来决定比赛的名称，最后德比胜出。巧的是，班伯里的马戴奥米德赢得了1780年首届德比大赛冠军。前一年两人还为小雌马设立了相似的比赛——欧克斯马赛，这个比赛因德比伯爵的房子而得名。

生于1773年的英国著名赛马被称为Pot-8-Os或Potoooooooo，这一名称被不识字的马夫刻在马厩的门上。Potoooooooo与这个乏善可陈的名字不同，它成了一匹非常优秀的赛马，在参加过的48场比赛中赢得了30场，并成为延续达利阿拉伯马压倒性优良基因的关键（从它的父亲"月蚀"和孩子"蜡油"开始持续到今天）。

与许多其他赛马术语不同，障碍赛马原意为：在两点之间进行距离不等的直线赛跑，隔开一段距离可见，要越过任何途中出现的障碍。第一个文字记载的比赛出现在1752年，两个爱尔兰人在科克郡的巴特文特教堂和圣莱格教堂之间赛马。后来这项运动在英国逐渐流行起来，但直到1830年，才出现了可供观众欣赏的围成圆形、标记分明的赛道赛马。英国设立了最著名的越野障碍赛——利物浦安特里国家大赛，自1839年开始，几乎有75%的冠军是爱尔兰的纯种马。

在英国全国越野障碍赛中，最难跨越的障碍是比彻小溪，这一名字是为了纪念一位在当时很重要的业余骑师开普登·比彻，他的马在首届比赛中跌入了满是水的小溪。据说比彻从水里爬出来后表示，没有掺白兰地的水真是难喝得难以想象。

美国的马里兰州亨特杯始于1894年，是世界上获得评价最高的障碍赛，也是最奇怪的。4英里的比赛在私人农田进行，地面不平，有几处的草高达30厘米，大多数栅栏都是竖直、实木材质——非常残酷。冠军可直接晋级英国越野障碍赛。这一比赛常吸引超过15 000名观众。那天没有官方投注，也没有其他活动。

美国赛马骑师托德·斯隆改变了比赛中骑师的骑行方式。在他1897年到达英国之前,骑师都是直立地坐于马上,脚踩长马镫。斯隆改用短马镫,蜷缩在马背上,身体前倾靠近马头,以减少风的阻力。一开始斯隆遭到了大部分人的嘲笑,但随着他多次在比赛中获胜,他这"猴子抱杆"的姿势被其他骑师采纳,并最终普及全球。据说斯隆第一次使用这个姿势是因为马突然狂奔,他把膝盖放低以便更好地控制马匹。这一举动重新分配了他的体重,在他更好地控制马匹的同时,马匹还能大步跨出。随后,斯隆通过研究夸特马赛中的无鞍黑骑师的姿势,完善了这项技能。

如果一匹马是灰色的,那么它父母双方至少有一方是灰色的。不过,请记住,两匹灰马不一定就会生下小灰马,它们的后代可能是任何颜色的。如果灰马隔了一代,灰色属性就会丢失。所以,灰色纯种马能追溯回300多年前从阿拉伯进口到英国的阿尔科克阿拉伯马,是相当了不起的。通常,灰马会被登记为栗色马或枣色马,因为那是它们出生时的样子,但随着年龄的增长,它们的灰色属性变得显而易见。在新西兰,种马"三条腿"一开始被注册为枣色马,后来它持续跟非灰色的母马产下小灰马,这才最终在《种马登记册》中将它更正为灰马。

标准竞赛用马在颜色上比纯种马更均一,大多数为枣色或褐色,少数为栗色和不多的灰色,更罕见的是花斑色(大片褐底白斑)。新西兰仅存的一族要数雪花,它是20世纪40年代轰动一时的快步马。雪化能引发轰动不仅是因为它引人注目的外表,更因为它是那个时代最优秀的3岁长途赛驹。它的花斑色属性遗传自当时为表演和育种而进口的一匹小种马,所以它不是一匹纯粹的标准竞赛用马。雪花的花斑(黑白斑)遗传到了它的很多后代身上,但没有一匹马能与它媲美,哪怕是最近的散点。

虽然灰色标准竞赛用马很罕见，但历史上有两匹马被列为传奇。一匹是美国马快轮，它赢过71场比赛，并一度持有14项世界纪录。快轮在1英里快步马赛中创造的115.25秒的纪录从1938年持续到1969年。另一匹是母马"萨福克郡夫人"，1845年，12岁的它成为第一匹在2分30秒内拉车跑完1英里的快步马。"萨福克郡夫人"的赛龄长达16年。毫无疑问，当它二十几岁时，体格也不如从前了。在美国民谣《那匹老灰马》中它的形象永存。

"蓝色"是用来描述皮毛呈浅灰色到暗钢灰色的格力犬的。所以说，世上没有灰色的"灰狗"（格力犬的别称），但是有"蓝色"花斑的格力犬，当然，它们并不是真正的蓝色。同样地，大多数人看来是黑色的，在马的世界里称为"棕色"。真正的黑色不常见：它们必须没有棕色毛发，甚至连鼻、口部周围也不能有。枣色可以用来形容从浅褐色到深棕色——这个词还代表着一种斑纹。枣色马的鬃毛和尾巴总是黑色的，且腿的底部通常有黑色斑纹。

挽马，尤其是把脚拴在一起的对侧步马（皮带捆在腿上），要戴非常多的装置，所以穿戴时间都非常长。正如它们本身也是行动缓慢的。此外，驯马师要教它们怎么跑，每个装置发生改变都必须让公众知道。

这是某次赛马大会的随机穿戴：添加到在检查中；移除平行杆障碍；加上缰绳杆和墨菲罩；加走直道；除去德克斯特马嚼子环，改用普通马嚼子；加半罩；加脚栓；拆卸上拉罩；拆下钢丝套格子花纹马嚼子；添加后侧带；移除衔铁和耳塞；加鼻瓣；拆下前马蹄贝尔靴，加八字结；加下拉半罩；加绷带和边带；添加转向校正；移除缰绳锥；添加膝靴吊带（别问为什么）。

在越野障碍赛中，动物自然要跨越障碍，但如果另一个参赛者把障碍物撞倒了，完全可以就这样跨过去。但很少有人像早期的米妮·阿索尔那样肆无忌惮地利用这一规则。1871年,它在泰晤士的塔拉如赛场参加跨栏比赛时,还有另外两名竞赛选手。据当时报道,米妮完全跳不起来。于是它的骑师安静地站在每个障碍物前等待,直到某一匹马(显然那两匹马水平也不太高)踢倒障碍,然后骑师骑着米妮穿过缺口,赶上其他选手,等着到下一个障碍时做同样的事情。令人高兴的是,米妮·阿索尔赢得了比赛。另外两名骑师提出了抗议,但名次保持不变,因为比赛中并没有出现违规行为。

赛马界"怪人"

作为赛马之乡的英国一直崇尚奇特古怪之风，而赛马这项运动在全世界成就了不同寻常的人物或马匹。以下是一些有名的典范：

多萝西·佩吉特

在赛马史上许多辉煌的英国"怪人"里，多萝西·佩吉特是我最喜欢的其中一位。1905年，多萝西·佩吉特出生在一个富裕的贵族家庭，她一生大部分时间和她的大部分金钱都用于培育马匹、赛马和赌马。多萝西·佩吉特极其害羞，主要表现为厌恶男人。为了避免和男人说话，都是一群女秘书陪她去参加比赛。一次，在第二次世界大战期间，多萝西的车在途中抛锚了，她错过了比赛。此后，她每次去参加比赛，尽管自己的车汽油供给是充足的，也会叫一辆备用车跟在后面。

多萝西身材高大，长相平平，一张圆脸略显苍白，她去看比赛时总是穿着一件及脚踝的灰色大衣，戴着一顶旧的蓝色毡帽。多萝西很强势且追求完美，所以经常会和教练们发生争吵。

她到生命的最后时期，过着一种隐居生活，喜欢熬夜，暴饮暴食，在白天睡觉。但这也不能阻止她继续赌马、培育马匹和赛马。

尽管多萝西花费了大量资金想要拿一个德比人赛冠军，但她最人的成就是培养出障碍赛冠军高登·米勒。高登·米勒赢过 1934 年英国全国越野障碍赛，并连续 5 次赢得著名的切尔滕纳姆金杯。

多萝西最不容忽视的失误是买下了一匹名为两便士的马。1931 年她花了 6 600 个基尼买下了 1 岁的小马两便士，那是当时唐卡斯特销售的最高价格。

她不顾专家反对，坚持要给这匹皇室小马取一个平民的名字。两便士最终只在一个小比赛中赢得了56英镑，而在德比大赛中惨败，却莫名成为夺冠热门中的第四名。

亨利·黑斯廷斯侯爵

可怜的亨利·黑斯廷斯侯爵并不是什么无可救药的"怪人"，却被有钱的父母当作反面教材，以证明多金且不明事理的年轻人参与赛马本身就是一种危害。亨利从喜欢酗酒和赌博，转向赛马后，被说成是"着了道、无聊、软弱且被宠坏了"的人，可是在赛马界，他和他功成名就的赛马莱科特尔引起了人们的高度关注。在莱科特尔参加的第一次大型比赛上他赢了70 000英镑——若不是他在下某些赌注时已经烂醉，可能会赢的更多。

亨利最好的马名叫"伊丽莎白夫人"，它让亨利在遭遇灾难性的巨大损失后仍能还清债务，但亨利为赛马界所不齿的是让疲惫的小母马长时间地参加比赛。

亨利的钱财耗尽后，他落入放债人和庄家同伙的魔掌，他们强迫亨利让他最喜欢的赛马厄尔在1868年的德比大赛前退出比赛。然而，他让精疲力竭的"伊丽莎白夫人"代替厄尔参加了比赛，可想而知，"伊丽莎白夫人"完成了比赛。

亨利坚持让"伊丽莎白夫人"参加欧克斯马赛，几天后，人们纷纷嘘声表示反对。几个月后，不名一文且沉迷酒色的亨利去世，年仅26岁。

奥福伯爵

即使是按照18世纪英国的标准，奥福伯爵仍可被称为一个"怪人"。他家世显赫，是首相罗伯特·沃波尔的孙子，传说他坐的是鹿车而不是马车。

奥福挥霍大量家族钱财在他所痴迷的猎犬狩猎（赛狗的前身）上，奥福利用数百只不同品种的狗来进行试验，以增加他的格力犬的耐力。他从英国斗牛犬（更像现在的牛头杂交犬）身上掘出了宝藏。经过几代的繁殖后，他培育出了一种短毛狗，既保留了传统格力犬的流畅体形，又增添了额外的力量和勇气，它还同时具备斗牛犬的斑纹特性。

奥福伯爵的冠军母犬"沙皇"，是在他将祖父无价的绘画收藏卖给凯瑟琳大帝后不久起的名字，据说"沙皇"已经连续赢了47场比赛。传闻，"沙皇"导致了奥福的死亡。奥福无法抗拒一个巨大的赌注挑战，他从病床上爬起来去看"沙皇"比赛，从马上摔了下来，最后因"沙皇"获胜而激动得心脏病发作去世。

且不说奥福有多疯狂，至少他在赛狗发展史上所做的贡献留存了下来。怀疑论者对他真正的贡献提出质疑，但无可争议的事实是斑纹皮毛的格力犬

(以前的格力犬是黑色或白色，或两色混合的）已经通过最新的DNA验证证实是他培育出来的。

格拉斯哥勋爵

格拉斯哥勋爵培育出了"火枪"，"火枪"是伟大的新西兰冠军马卡宾的祖先。大多数人看不到格拉斯哥勋爵的优点，对朋友慷慨，偶尔接济穷人，因为这些优点完全被他的缺点掩盖了。他脾气暴躁，有一次在俱乐部里放火烧了一个服务员的床，因为那人当晚已经收工，拒绝卖给他威士忌。

直到1869年去世，50年来他一直在培育并饲养着大量马匹，却很少赢得比赛，只有一次可奉为经典的——1864年赢过2 000基尼。他对待驯马师和骑师都是喜怒无常且十分不公平的，但目前为止他最令人厌恶的是用猎枪处决任何他认为毫无价值的马——而这样的马不在少数。

格拉斯哥勋爵的这一习惯对新西兰的赛马史产生了深远的影响，因为"火枪"就是他要处决的马中的一匹。"火枪"的驯马师看到了它的潜力，恳求格拉斯哥勋爵放过它，但这个问题尚未得到解决，格拉斯哥勋爵就突然去世了。所有格拉斯哥的纯种马都被遗赠给了他的两个朋友，他们无视格拉斯哥的指示，并没有处决"火枪"。另一个说法是，驯马师处决了毛色与"火枪"相似的另一匹马，并按照指令，把它的耳朵交给了格拉斯哥勋爵，事实证明"火枪"是很优秀的赛马，于1879年被出口到新西兰，在那里它成了19世纪最有影响力的种马。

坎塔布莱恩·贝拉·巴顿

新西兰有自己本土著名的"怪人"——坎塔布莱恩·贝拉·巴顿。贝拉是一位全能的女骑师，不仅是场地障碍赛冠军、无畏的猎手、6—8匹小马队的驾车员，也是难以驾驭的马的克星。贝拉在19世纪后期的赛事狂潮——驯马竞技赛（在放牧人竞技会上的未驯服马的比赛活动）中时常获奖且形成了固定收入，她同时还是赛马行业的先驱。

19世纪90年代早期，贝拉会训练马匹，她在正式比赛中骑着自己的马或驾着马车与男骑师们竞赛，并经常赢得比赛——直到南岛快步马赛协会在1896年的成立大会上规定"北岛和南岛快步马赛协会规定不允许女性骑马或驾驶马车……"这条规定直到1979年仍然存在，终于在1981年，速度赛马解除了对女性骑师的禁令。

然而，贝拉一直在训练她的快步马和越野障碍赛马。她的父亲从一开始就鼓励她利用自己的天赋，并为她在基督城买了一大块地（即现在的伊丽莎白女王二世公园），包括全尺寸的赛道让她训练马。而一向通情达理的贝拉在47岁的时候，不顾家人的反对，嫁给了一个比她小16岁的男人格斯·摩尔。格斯·摩尔是臭名昭著的欠债者,而贝拉为了他,在家门口挥动马鞭吓跑法警。贝拉在新布赖顿郊区的家外面从马上摔了下来,随即死亡,年仅57岁。

卡宾

伟大的新西兰所孕育出的冠军卡宾,是马中的怪类,它得到的拥戴就如同当代的摇滚明星一样。卡宾在它参加的43场比赛中赢了33场,赢得1890年墨尔本杯冠军后它的声望达到巅峰,当时它负重10英石5磅(66公斤,保持至今的重量纪录),创造了纪录。当时赌注总额超过10 000英镑,远远多于英国德比大赛,吸引了39位上流社会的名人。它被人们深情地称为老杰克,大家为它欣喜若狂地欢呼。一张历史性的照片记录了当时它夺冠的场景,帽子被抛向空中,人们兴高采烈地振臂狂呼。据称,当时成年男子都喜极而泣，陌生人在这近乎歇斯底里的场景里相互拥抱。

卡宾自 3 岁起就在澳大利亚参加比赛，它被视作偶像的部分原因在于它可爱的个性，非常吸引人。卡宾十分聪明（虽然长得不是特别好看，走起路来显得笨拙），它经常一动不动地站在赛场上，凝视远方，直到从它的拥趸那里得到足够多的欢呼声和掌声，它才走向赛道。它不喜欢头被弄湿，所以驯马师设计了一个小伞一样的装置，比赛时如果天气恶劣就架在它耳朵上。

卡宾在澳大利亚供留种用 4 年后，被卖给了波特兰公爵，卖了 13 000 个基尼，是之前澳洲种马的最高价格的两倍以上，到英国后，它的名气也很大。

卡宾的离开激起了人们的真情流露，人们聚集在从火车站到墨尔本码头的路上，数千人等待着与它告别，还有许多人准备去献花。当船离开泊位，喧嚣骤起，卡宾仰起头，最后一次倾听着人们为它欢呼。

快如闪电

快如闪电离世 70 年后，它的名字仍然家喻户晓，是诸多赛马无法企及的。虽然澳大利亚声称快如闪电属于他们，但快如闪电出生于新西兰，其出生地——提马鲁附近的赛马场，就是以它的名字命名的。快如闪电一直是一些书和电影的主角。它的一生波澜起伏，但更不寻常的是它的死亡及公众对此做出的反应。

快如闪电从未在新西兰参加过比赛，最初在澳大利亚的比赛中成绩也不是很理想。但后来它找到了比赛状态，击败了所有对手，最终在它参与的 51 场比赛中赢了 37 场，而其中 32 场是在它最后的 35 场比赛中赢得的。它的肌肉异常紧实，心脏大于寻常马，且性情温和——就算是在走向费明顿赛道的途中被歹徒击中，它仍然能保持平静，那天下午它赢得了比赛。3天后,它成为赢得墨尔本杯的赔率最小的热门(这就是为什么它会被枪击)。

快如闪电的主人是美国人,他想让快如闪电参加当时奖金最多的比赛,即墨西哥的阿瓜斯卡连特斯州大赛。尽管经过长途跋涉,快如闪电的蹄子受了伤,它还是赢得了比赛并创下了纪录,印证了它是世界上最厉害的赛马。这是1932年3月20日,16天后快如闪电离开了这个世界。

关于它的死因,最靠谱的解释是,它吃的草不小心混入了杀虫剂。但在视快如闪电为国家英雄的澳大利亚,有关它是被刻意毒杀的传闻四处传播。广播节目为宣布它的死讯而中断,国家降下半旗,澳大利亚和新西兰人民都为它哀悼。快如闪电的骨架由新西兰国家博物馆保存,它栩栩如生的填充标本在墨尔本国家博物馆展出,重7千克的大心脏存放于堪培拉解剖研究所。

春丽

日本人崇尚虽败犹荣、百折不挠的失意者,这使得日本母马春丽(意为辉煌的春天)成了民族英雄。这匹栗色母马在2004年退休的时候,已经参加过106场比赛,却没有赢过一场,虽然它拿过几个名次,挣了大约9 000美元。那时,其貌不扬的8岁的春丽已经是日本顶级马中的怪类。它吸引了成千上万的赛马迷,推动了旅游纪念品产业的发展,从而拯救了境况不佳的高知赛马场。日本有一首为它而作的流行歌曲,还有一部以它的一生为主题的电影。最重要的是,从春丽的角度来看,它收获了一个舒适的晚年,而不是被送到屠宰场去。这正好展现了赛马最大的魅力,尽管它总是与胜利、成绩和荣耀有关,但有时候,最好不要总是当赢家。

赛马术语

负重减量(allowances)

又称负重让步,见习骑师可在许多(不是所有的)比赛中要求减少负重,这就鼓励了驯马师更多地使用见习骑师(减轻马匹负重以补偿骑师的经验不足)。负重减量按马匹获胜次数来定:赢过5场的,可让步4公斤;赢过6—30场的,可让步3公斤;赢过31—60场的,可让步2公斤;赢过61—100场的,可让步1公斤。

鸟笼区(birdcage)

马匹在比赛前四处走动及比赛结束后返回的地

方。这个词是新西兰特有的，其他地方都称为赛马准备区或亮相圈。这可能与以前算命先生用鸟来挑选比赛幸运号有关，但没人能证实这一说法。

大写黑体字（black type）

通常用在纯种马目录中，粗体表明这匹马以超高的水准赢得了比赛，一般是大奖赛或表列赛。许多国家都有自己的荣誉赛事名单，同时也是获得国际公认的。水准最高的是"××杯"赛事，目前新西兰有23个一级赛、21个二级赛、34个三级赛和68个表列赛。在这样的比赛中获胜，并被大写黑体字标注会大大提高马匹的价值。

出自（by, from and out of）

人们刚开始对赛马感兴趣的时候，谈到育种，经常会混淆这几个词。"by"只用于雄性马匹：你可以说"我的马是由扎比尔供种的"（用 by）。如果你想让听众印象深刻，可以用"from"和"out of"来说出马匹的生母。只有新手才会说"我的马是扎比尔生的"（用的是 out of）。

起跑线 / 起跑屏障（draw/barrier draw）

马起跑的位置，现在是由计算机来划定的。通常在内起跑线（靠近跑道）是一种优势，但这也取决于变量，如比赛的长度（长途或较短途）、马所习惯的赛跑模式（有些马开始时比较缓慢，因此在外起跑线也没什么影响）、跑道形状和地面条件。马匹名字后的括号里的小写数字是它的起跑位置，名字前面的数字是它的号码，1 号是内起跑位置。

替补马或遴选淘汰马（emergency or ballot）

当马匹数超过比赛所规定的数量（跑道都有场地限制），剩下的马就称为替补马或遴选淘汰马，如果有其他选手被取消比赛资格，它们就可以参加比赛。替补名单按磅数进行排序，然后按这个顺序重新进入。同样适用于赛狗，只不过替补赛狗从来不会超过两条。

调查（enquiry）

在赛马中，当骑师、驾车员或领薪管理员对另一个选手的干扰行为提出抗议时，就要进行调查。与事件相关的参赛者无法领取奖金，直到抗议听证结束。如果另一选手的干扰行为被证实，获奖名次将会发生改变，这就是为什么说没听到宣布比赛"完全结束"之前，一定不要扔掉马票。赛狗中的调查比较少，且不影响奖金发放。

未阉马（entire）

这是种马的另一个说法，或者就单纯称为"马"，代表着成年未经阉割的公马。"公驹"指的是2—3岁未经阉割的公马；"周岁马"指1—2岁的马（在南半球官方生日是8月1日，北半球则是1月1日）；"雌马驹"指的是跟公驹差不多大的小雌马，过了这个年龄后称为"母马"。不论年龄，所有未经阉割的马都是未阉马。

固定赔率（fixed odds）

可提前（有时甚至是比赛开始前的几个月）提供奖金。赔率可能为20∶1，意思是每下注1美元，可得到20美元的回报；或赔率7∶2，意思是每下注

1美元,可得到3.5美元的回报,而且可以得回本金,不像赌金计算器投注,本金包含在最终奖金里。与赌金计算器投注相对,固定赔率是由庄家操作的,奖金取决于投入的资金总额和开始时每匹赛马的投注金额。自1995年起,新西兰允许赛马博彩管理局充当庄家及运行赌金计算器投注。

自由竞赛(free-for-all)

轻驾车赛术语,即所有类型的马匹都可以参加的比赛,没有任何磅数(速度赛马中根据马匹年龄和赛程而附加的重量)。为最好的马匹而设的比赛,如果种马数量过多,则由俱乐部来选出参赛选手。

让磅赛(handicap)

速度赛马受限于磅数,轻驾车赛则是比距离

（以前的标准是用时长短）。从理论上讲，让磅赛给了每匹马同等的获胜机会，最好的马背负最大的磅数，或从最远的地方开跑。管理机构聘用官方评磅员，其评磅工作主要按以前的形式进行，虽然有时会考虑其他变量，如年龄。最终比赛的参赛者顺序是从最高磅数依次排列下来，所以在重大比赛中很多磅数少的马都没有上场的机会。

未冠赛 (maidens)

意指还没有赢过一场比赛的马或狗。所以会有为这些动物举行的不分性别的未冠赛。而令人困惑的是，非未冠马可以在特定条件下参加一些未冠赛。首次参加同龄组比赛的 2—3 岁的马匹一般不称为未冠马。

退赛 (scratching)

在比赛开始前马匹被取消参赛资格的常用说法,动物在接受比赛后,可以有一定长度的申请退赛时间。在那之后退赛,则被视为晚点退赛——通常原因在于兽医,但有时是因为动物一开始就拒绝合作。在这种情况下,用赌金计算器投注,会把钱退还给赌客,如果是固定赔率下注或庄家下注则不会退回赌金。

供种 (serve)

繁殖中形容"交配"的常用术语,所以,母马是"被与种马交配"。标准竞赛用马和格力犬允许人工授精,但纯种马繁育只能通过马匹自然交配。这样就能控制一匹种马所产生的后代数量,增加其后代的价值,当然还能保证它的配种费。顶级纯种马配种一次费用可达6位数,通常一季与超过100匹母马交配,可以说是相当暴利的。

单座二轮马车(sulky)

这个词用来形容由快步马或对侧步马拉动的车,不禁让人联想到这个词的一般含义:郁闷、冷漠。据《简明牛津字典》所载,单座二轮马车指的是"只能容纳一人的两轮车或轻便马车——说它郁郁不乐就是因为只能容纳一个人"。

称重(weighing)

所有的骑师在速度赛马前后都要进行称重,以检查马的载重与评磅者分配的或比赛条件所规定的是否一致。称重包括骑师加上马鞍(如果需要的话加铅)的重量。如果比赛后体重轻了半公斤以上,则被取消比赛资格。在赛狗中,每次比赛前要称狗的重量,所得结果必须在马所登记的体重范围内,否则将被退赛。只有在轻驾车赛中不须要称重。

根据马匹年龄和赛程而附加的重量(weight-for-age)

这一方式实现了成年马通过携带更多重量的东西从而能与其他年龄不同的马进行公平的竞争。性别也有差别:雌性马比雄性马负重要少。这一模式于1850年由英国海军上将劳斯提出,沿用至今,中间只进行过微小的调整。

致谢

感谢我尊敬的赛马同僚们,特别是英国《赛马邮报》(*The Racing Post*)的托尼·莫里斯(Tony Morris)提供的信息,在写作的过程中我还使用了以下资源:

罗恩·比斯曼(Ron Bisman):《致敬快步马赛》(*A Salute to Trotting*),莫瓦出版社,1983;

莫里斯·卡文诺(Maurice Cavanough):《墨尔本杯》(*The Melbourne Cup*),里格比出版社,1977;

约翰·科斯特洛(John Costello)、帕特·芬尼根(Pat Finnegan):《五彩缤纷的赛马》(*Tapestry of Turf*),莫瓦出版社,1988;

莫妮克（Monique）、汉斯·D. 多森巴赫（Hans D. Dossenbach）:《高贵的马》(*The Noble Horse*)，柯林斯出版社，1983；

H. 爱德华兹·克拉克（H. Edwards Clarke）:《赢得赛狗》(*Win at Greyhound Racing*)，斯坦利·保罗出版社，1974；

山姆·弗莱彻（Sam Fletcher）:《奥克兰赛狗俱乐部——从逐兔围场到布拉明兹野兔体育场》(*Auckland Greyhound Racing Club—from Drag Hare Paddock to Bramic Hare Stadiun*)，未发表原稿，2002；

大卫·格兰特（David Grant）:《超常发挥》(*On a Road*)，维多利亚大学出版社，1994；

艾弗·赫伯特（Ivor Herbert）（编著）:《赛马》(*Horse Racing*)，柯林斯出版社，1980；

卡丽·哈钦森（Garrie Hutchinson）（编著）:《他们在比赛！》(*They're Racing*)，维京出版社，

1999；

约翰·M.凯斯（John M.Kays）:《马的故事》（*The Horse*），阿考出版社，1980；

威廉·麦基（William Mackie）:《高贵的血统》（*A Noble Breed*），威尔森&霍顿出版社，1974；

托尼·莫里斯（Tony Morris）、约翰·兰德尔（John Randall）:《赛马记录》（*Horse Racing Records*），吉尼斯世界纪录，1988；

罗杰·莫蒂默（Roger Mortimer）、理查德·翁斯洛（Richard Onslow）、彼得·威利特（Peter Willett）:《英国平地赛马百科全书》（*Biographical Encyclopaedia of British Flat Racing*），麦克唐纳德&简的出版社，1978；

玛丽·芒提（Mary Mountier）、托尼·莫里斯:《著名的新西兰纯种马》（*Notable New Zealand Thoroughbreds*），阿利斯特·泰勒出版社，1980；

W.A.桑德斯（W.A.Saunders）:《历史性赛马纪

录》(*Historical Racing Records*), 1949;

E.G. 萨瑟兰(E.G.Sutherland):《新西兰赛马》(*The New Zealand Turf*), 纽玛格特出版社, 1945;

雷·万普勒(Wray Vamplew):《赛马的故事——赛马的社会经济史》(*The Thrf-A Social and Economic History of Horse Racing*), 艾伦·莱恩出版社, 1976;

安德鲁·沃德(Andrew Ward):《赛马史上最奇怪的赛事》(*Horse-Racing's Strangest Races*), 罗布森图书, 2000;

温特沃斯夫人(Lady Wentworth):《纯种马族谱》(*Thoroughbred Racing Stock*), 乔治·艾伦&昂温出版社, 1938;

彼得·威利特(Peter Willett):《纯种马简介》(*An Introduction to the Thoroughbred*), 斯坦利·保罗出版社, 1975;

约翰尼·威廉姆斯(Johnny Williams):《赛马

夺金》(*Racing For Gold*),威廉姆斯出版社,1987。

同时特别感谢赛马博彩管理局赛马直击部门的卢克·拉狄克(Luke Radich),在我查证事实时提供了非常多的帮助;感谢简·帕金(Jane Parkin)和莎拉·班尼特(Sarah Bennett)对本书的编辑;感谢玛丽·瓦恩汉姆(Mary Varnham)让我一直坚持不懈。